HOW TO PLAY
LATIN AMERICAN
RHYTHM INSTRUMENTS

BY HUMBERTO MORALES & HENRY ADLER

D1561006

supplementary section by Ubaldo Nieto

Edited by
F. Henri Klickmann

Spanish Translation by
Ernesto Barbosa

Cover Photographer: Andrea Meister, courtesy of Meinl Musikinstrumente
Cover Design: Joseph Klucar

Foreword

The influence of Latin-American music on the American public is gradually becoming more and more apparent; which, perhaps, is primarily due to the steady influx of a great number of Rhumba bands from the Spanish speaking nations. The Rhumba bands, with their seemingly unlimited variety of rhythm, produced by clever performers on novel percussion instruments, have spread to nearly all of the large cities of the United States and can also be found in many small towns.

From the consensus of opinion among the people who enjoy "stepping out" to the night clubs and dance halls, it appears that the entire United States has suddenly gone Rhumba conscious and has wholeheartedly accepted the peculiar, varied rhythm of Latin-American bands as being something worth while, albeit unusual — something that is destined to eventually become a permanent part of all dance music.

It is because of this rapidly growing craze for Rhumbas, Boleros, Guarachas, Tangos and other Spanish dances that Humberto Morales and Henry Adler decided to collaborate on a systematic course of instruction for those who wish to master the art of Latin-American rhythm.

HUMBERTO MORALES' LATIN-AMERICAN RHYTHM INSTRUMENTS AND HOW TO PLAY THEM contains a series of exercises especially written for Latin-American instruments, together with numerous illustrations showing the correct method of playing these instruments. The text, clearly written, is given in both the Spanish and English languages which is a recommendation in itself.

The task of compiling and editing the instructive material contained in this book has been long and arduous; therefore, every detail, no matter how small, has been carefully analyzed and, in fact, "No stone has been left unturned" in preparing it for publication.

It is quite evident that a work of this kind, written by two of the leading exponents of Latin rhythm, will be greatly welcomed by conscientious students and teachers — those who look forward to attaining recognition as interpreters of rhythm *a la Espagñol*.

We feel confident that HUMBERTO MORALES' LATIN-AMERICAN RHYTHM INSTRUMENTS AND HOW TO PLAY THEM, the only work of its kind, will hold a permanent place in percussion literature.

The Publishers

Prólogo

La influencia de la música latino-americana en el pueblo americano se está haciendo gradualmente más y más visible; lo que quizás se debe primordialmente al influjo constante de un gran número de bandas que llegan de las naciones de habla hispana. Las bandas de rumba, con su aparentemente ilimitada variedad de ritmos, producido por hábiles artistas en raros instrumentos de percusión, se han extendido a casi todas las grandes ciudades de los Estados Unidos y se pueden encontrar también en muchos pueblos pequeños.

De acuerdo con un consenso de opinión entre gente que gusta frecuentatar a los cabarets y salones de baile, aparece que toda la nación de Estados Unidos se ha convertido en amante de la rumba y ha aceptado de todo corazón el ritmo variado y peculiar de las bandas latino-americana como cosa de valor, si bien algo — fuera de lo corriente — algo que está destinado a conventirse eventualmente en una parte permanente de la música de baile.

Ha sido debido al tan rápido crecimiento de admiradores de rumbas, boleros, guarachas, tangos y demás bailes españoles, que Humberto Morales y Henry Adler se decidieran a colaborar juntos en un sistemático método de instrucción para aquellos que desean dominar el arte del ritmo latino-americano.

El libro, "Instrumentos de Ritmo Latino-Americanos y Como Tocarlos" de Humberto Morales contiene una serie de ejercicios escritos especialmente para instrumentos latino-americanos, además de numerosas ilustraciones demostrando el método correcto de tocar estos instrumentos. El texto claramente escrito, está expresado en ambos idiomas inglés y español, lo cual constituye una recomendación en sí propia.

La labor de recopilar y editar el material instructivo contenido en este libro ha sido larga y ardua; por lo cual cada detalle, no importa lo pequeño que sea, ha sido analizado cuidadosamente y a decir verdad, "se ha hecho todo lo humanamente posible" al prepararlo para la publicación.

Es evidente que un trabajo de esta índole, escrito por dos de los más destacados exponentes del ritmo latino, será muy bien acogido por los estudiantes y maestros conscienzudos — aquellos que ambicionan alcanzar reconocimiento como intérpretes de la música a la española.

Confiamos que el libro "Instrumentos de Ritmo Latino-Americanos y Como Tocarlos" de Humberto Morales, un trabajo único en su clase, ocupará un sitio permanente en la literatura sobre percusión.

Los Editores

HUMBERTO MORALES and HENRY ADLER

4

CONTENTS

Page

HENRY ADLER

Henry Adler, born and educated in New York City, studied the various percussion instruments with some of the most noted teachers in America. He has had extensive training in every branch of his profession.

Adler has been connected with such prominent band leaders as: Larry Clinton, Red Norvo, Charley Barnet, Vic Schoen, Louis Prima, Hugo Mariani, Wingy Magnone, Joe Marsala, Georgie Auld, José Morán and Frank Marti. He was also, formerly, the staff drummer of the RCA Victor and Decca Record companies.

Henry Adler entered the teaching profession only after carefully considering the qualifications of a successful instructor. He was cognizant of the fact that he had the ability, knowledge and patience to teach others and, within a short period of time, became one of the foremost instructors in the country. He is considered equally proficient in both the American and Spanish styles of drumming. His list of pupils, past and present, reads like a "Who's Who" in the drum world; it includes the names of both American and Spanish drummers who are connected with the finest dance bands.

An eminent authority on all rhythmic instruments, Mr. Adler, without a doubt, has carved a permanent niche for himself in the percussion profession — one that requires the utmost in ability, concentration and hard labor.

HENRY ADLER

Henry Adler, nacido y educado en la ciudad de Nueva York, estudió los distintos instrumentos de percusión con algunos de las más notables profesores de América. El ha tenido una extensa preparación en todos los ramos de su profesión.

Adler ha estado relacionado con prominente directores de bandas tales como Larry Clinton, Red Norvo, Charley Barnet, Vic Schoen, Louis Prima, Hugo Mariani, Wingy Magnone, Joe Marsala, Georgie Auld, José Morán y Frank Martí. Fué también, anteriormente, el percusionista oficial de las compañías RCA Victor y Decca.

Henry Adler entró al magisterio después de considerar cuidadosamente los requisitos de un buen instructor. Estaba consciente de que tenía habilidad, conocimiento y paciencia de enseñar a otros, y en un corto espacio de tiempo se convirtió en uno de los más prominentes instructores del país. Se le considera igualmente proficiente tanto en el estilo americano de percusionista como en el estilo español. Su lista de discípulos pasados y actuales, parece un "quien es quien" del mundo de percusión; incluye los nombres de los percusionistas tanto americanos como españoles, que están relacionados con las mejores orquestas de baile.

Mr. Adler, una eminente autoridad de todos los instrumentos rítmicos, sin duda se ha labrado un sitio permanente en la profesión de percusión — una que requiere lo mejor en habilidad, concentración y trabajo fuerte.

HUMBERTO MORALES

Humberto Morales, brother of Noro, the famous Rhumba King, was born in Puerta de Tierra, Puerto Rico. Humberto comes from a talented musical family, all the members of which possess unusual ability in the art of mastering their instruments. They are known throughout the world in both the classical and popular fields.

Humberto's parents, and a sister, Alicia, were distinguished teachers — a great many of their students are now connected with the best Rhumba bands in the United States, South America and Puerto Rico. Alicia, although having many students, never neglected her illustrious brothers; and it is she who deserves the credit for their success which is primarily due to her untiring efforts in developing and fostering their talents.

Humberto, after deciding upon a musical career, began by studying the piano with his parents. His chief ambition, however, was to become proficient as a drummer and excel in the playing of both the American and Latin rhythmic instruments, with a preference for the timbales. Through the playing of the latter, he has developed ideas which he has incorporated into special timbales of his own design.

Humberto Morales, through his expert handling of Cuban and Brazilian music, has been in constant demand by the best-known conductors of symphonic and popular music. In the symphonic field, he has played under the leadership of Toscanini and Stokowski; in popular dance music, his leaders include his brother Noro, Jimmy Dorsey, Benny Goodman, Harry James and Sammy Kaye. He has also done a considerable amount of recording with various leaders.

Those who truly appreciate his style and musicianship, are in accordance in their belief that Humberto is an invaluable asset to the Noro Morales Rhumba Band — the band without a peer in Latin dance music.

HUMBERTO MORALES

Humberto Morales, hermano de Noro, famoso Rey de la Rumba, nació en Puerta de Tierra, Puerto Rico. Humberto viene de una familia de gran talento musical, todos los miembros de la cual poseen una habilidad poco usual en el arte del dominio de sus instrumentos. Son conocidos mundialmente, tanto en el campo clásico como en el popular.

Los padres de Humberto, y su hermana Alicia, fueron profesores muy distinguidos. La mayor parte de sus discípulos están actualmente trabajando con las mejores orquestas latinoamericanas en los Estados Unidos, Sur America y Puerto Rico. Alicia, apesar de tener muchos discípulos, nunca se despreocupó de sus hermanos, y es ella quien merece el crédito de los triunfos que ellos han obtenido, debido primordialmente a sus incansables esfuerzos por desarrollar y cultivarles el talento.

Humberto, luego de decidirse por una carrera musical, comenzó por estudiar piano con sus padres. No obstante, su ambición era la de ser un percusionista proficiente en el estilo americano al igual que en el latino, y aprender todos los instrumentos de ritmo, dándole preferencia a los timbales. A través de su experiencia en éstos, el ha desarrollado ideas las cuales incorporó a un tipo especial de timbales que el diseñó.

Humberto, debido a su experto manejo de la música cubana y brasileña, ha estado siempre en constante demanda por los más conocidos directores de música sinfónica y popular. En el campo sinfónico, ha tocado bajo la dirección de Toscanini y Stokowski, y en el ramo popular, su directores incluyen a Noro, su hermano, Jimmy Dorsey, Benny Goodman, Harry James, y Sammy Kaye. También ha hecho un gran número de grabaciones con diferentes directores.

Aquellos que aprecian su estilo y su música, están de acuerdo en su creencia de que Humberto es de un valor inapreciable para Noro Morales y su Orquesta de Rumba — la orquesta sin par en la música latino-americana.

LATIN-AMERICAN RHYTHM INSTRUMENTS

THE CLAVES

The claves consist of two sticks about one inch in diameter and eight inches in length. They may be turned from any hard, resonant wood — preferably ebony, snakewood or redwood.

METHOD OF PLAYING THE CLAVES

The claves are played by striking one stick sharply against the other. The left hand is cupped underneath one stick. This cupping of the hand acts as a sort of soundboard for the stick which, when struck by the stick held in the right hand, gives forth a hollow, but rather penetrating, effect; thereby establishing a definite tempo. (See ill. 1 and 2.)

The simple two-measure rhythmic figure played by the claves is the foundation of practically all Latin rhythm. From the standpoint of rhythm, all other instruments are generally guided by the beat of the claves.

LAS CLAVES

Las claves son dos palos como de una pulgada de diámetro y ocho pulgadas de largo. Se hacen de cualquier madera dura y resonante — preferiblemente ébano, ausubo o pino.

METODO DE TOCAR LAS CLAVES

La clave se toca dándole a un palo sobre el otro con golpes agudos. La mano izquierda se acopa debajo de un palo. El acopamiento de la mano hace las veces de un tornavoz para el palo, que cuando recibe el golpe del otro, despide un sonido de efecto penetrante estableciendo de esta manera un tiempo definido. (Vea Ej. 1 y 2.)

La sencilla figura rítmica de dos compases tocada por las claves prácticamente es la base de todos los ritmos latinos. Desde el punto de vista rítmico, los demás instrumentos son generalmente guiados por el golpe de las claves.

THE CLAVES   **LAS CLAVES**

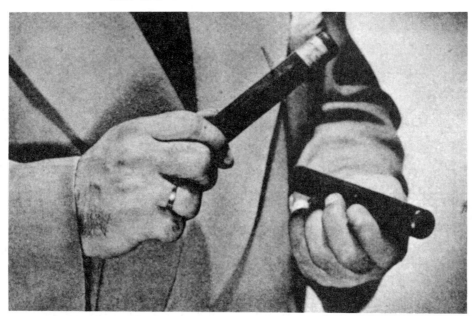

Ill. 1 — *Ej. 1*

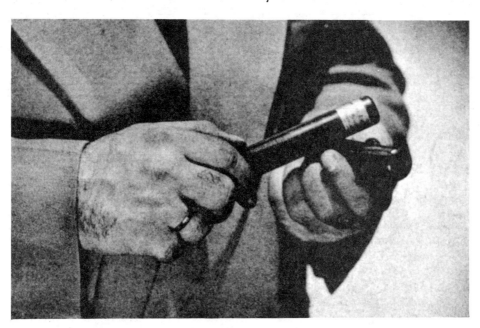

Ill. 2 — *Ej. 2*

There is only one clave beat — it consists of two measures; however, either measure may start a phrase, depending upon the nature of the composition. (See examples 1 and 2.)

Solo hay un golpe de clave — tiene dos medidas; no obstante cualquier medida puede empezar una frase, dependiendo de la naturaleza de la composición. (Vea los ejemplos 1 y 2.)

In Congas, the clave beat is comparable with that of the conga (Charleston) beat. (See example 3.)

En congas, el golpe de las claves es comparable al golpe de la conga (Charleston). (Vea el ejemplo 3.)

Right and wrong methods of playing the claves.

Métodos correctos e incorrectos de tocar las claves.

Following is an example showing how the clave beat is adapted to various rhythmic patterns.

Lo que sigue es un ejemplo demostrando como el golpe de clave se adapta a varios modelos rítmicos.

From the above examples it can readily be seen that Latin music is based on several rhythmic patterns played simultaneously by different instruments.

De los ejemplos de arriba se ve claramente que la música latina se basa en varios modelos rítmicos tocados simultaneamente por diferentes instrumentos.

THE TIMBALES

The timbales consist of a pair of small, single-headed drums, minus snares. One drum is about 13 inches in diameter while the other drum is about 14 inches in diameter. The timbales are used instead of a snare drum, and they are played with sticks that are about ⅜ of an inch thick and twelve (12) inches long. These sticks, being smaller than the regular drum sticks, are preferable because they produce the correct tone; whereas regular drum sticks are too heavy and interfere with the proper development of this Cuban-beat technique.

The fundamental Cuban-beat, commonly known by Latin-American musicians as "Baqueteo" is the basic rhythmic accompaniment for slow Boleros, Guarachas and medium-tempo and fast Rhumbas.

The large timbal is placed to the left of the player and the small timbal is placed to the right of the player. (See ill. 3.)

THE TIMBALES

LOS TIMBALES

Los timbales constan de un par de tambores pequeños con un solo cuero. Un tambor tiene 13 pulgadas de diámetro mientras que el otro tiene 14 pulgadas de diámetro. Los timbales se usan en lugar de la caja y se tocan con dos palos de ⅜ de pulgada de espesor y de 12 pulgadas de largo. Estos palos, siendo mas pequeños que los palos regulares de tambor se prefieren por el tono correcto que producen; debido a que los palos regulares de tambor son demasiado pesados e interfieren con el verdadero desarrollo técnico del golpe cubano.

El fundamental golpe cubano, conocido popularmente por los músicos latino-americanos de "Baqueteo" es la base rítmica para el acompañamiento de boleros y guarachas suaves y de rumbas a medio tiempo y ligeras.

El timbal grande se coloca a la izquierda del que lo toca y el timbal pequeño se coloca al lado derecho. (Vea Ej. 3.)

LOS TIMBALES

III. 3 — Ej. 3

HOW TO HOLD THE STICKS

The stick, in either hand, is held between the thumb and forefinger; the palm of the hand is turned downward. This means that the stick is placed on the first joint of the forefinger, while the thumb is used to apply pressure in order to keep the stick in place. This grip is known as the "fulcrum," center of balance. The other fingers are used to help control the stick. However, the actual motion in playing is produced by the wrist through the medium of the fulcrum. (See ill. 3.)

COMO AGARRAR LOS PALOS

El palo, en cualesquiera de las manos se agarra entre los dedos pulgar e índice; la palma de la mano virada hacia abajo. El palo se coloca en la primera coyuntura del dedo índice, mientras que el dedo pulgar hace presión sobre el palo para que éste permanezca en su sitio Este apretón se conoce como "Punto de Apollo," o sea centro de balance. Los demás dedos se usan para ayudar a controlar el palo. Cuando se está tocando, el movimiento se hace con la muñeca por mediación del balance. (Vea Ej. 3.)

Practice slowly — Increase speed gradually.

Practique despacio — Aumente velocidad gradualmente.

Ex.1
Ej.1

Ill. 4 — *Ej. 4*

Ill. 5 — *Ej. 5*

Also practice with reverse fingering — starting with the left stick.

También practique con digitación opuesta — empezando con el palo izquierdo.

Ex. 2
Ej. 2

Ex. 3 (Also reverse fingering.)
Ej. 3

(*Digitación opuesta también*)

TIMBAL SOUNDS

The player when striking the heads of the timbales (commonly known as "tops of timbales") is actually trying to imitate the sound of the bongos, which produce such exceptional rhythmic effects in Rhumba bands.

SONIDOS DEL TIMBAL

El músico, cuando dá sobre la cabeza de los timbales (vulgarmente conocida por cueros) está tratando de imitar el sonido de los bongoes, quien produce tal efecto rítmico en las bandas de rumba.

The following symbols (signs) will be used as a means of identification for the various sounds and effects produced on the timbales:

A note over which the letter X is placed means that the center of the large timbal is struck with the right or left stick — producing a deep tom-tom sound. (See ill. 6.)

Los siguientes símbolos (signos) se usarán como medios de identificación para los diferentes sonidos y efectos producidos en los timbales:

La letra (X) encima de una nota quiere decir que debe dársele al timbal grande en el centro con un palo, bien sea el derecho o el izquierdo produciendo un sonido grave. (Vea Ej. 6.)

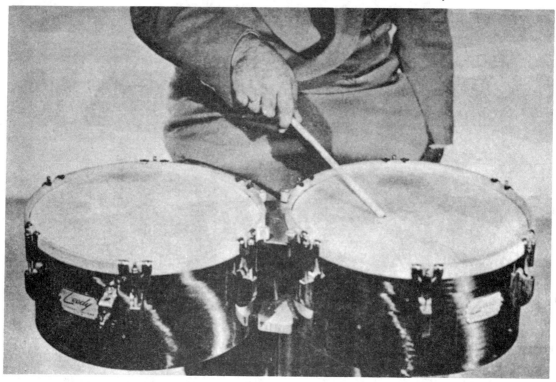

Ill. 6 — Ej. 6

A note over which the letter O is placed means to strike the rim of the large timbal with the right stick — producing a sharp, high pitched sound (rim shot). (See ill. 7.)

La letra (O) encima de una nota significa que debe usarse el palo derecho para dar en el aro del timbal grande — produciendo un sonido alto y agudo (golpe de borde). (Vea Ej. 7.)

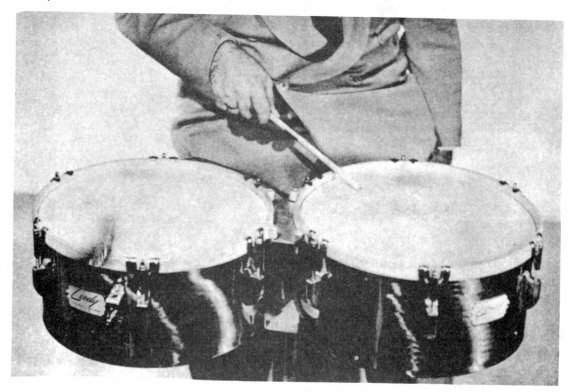

Ill. 7 — Ej. 7

12

A note over which the letter L is placed means to strike the head of the large timbal with the palm of the left hand, while the stick extends over the rim. This produces a muffled tom-tom sound, a sort of "click" effect. (See ill. 8.)

La letra (L) encima de una nota significa que debe usarse la palma de la mano para dar sobre la cabeza del timbal grande mientras que el palo se extiende sobre el borde. Esto produce un sonido como el de un tambor destemplado, algo así como el efecto de un golpe seco. (Vea Ej. 8.)

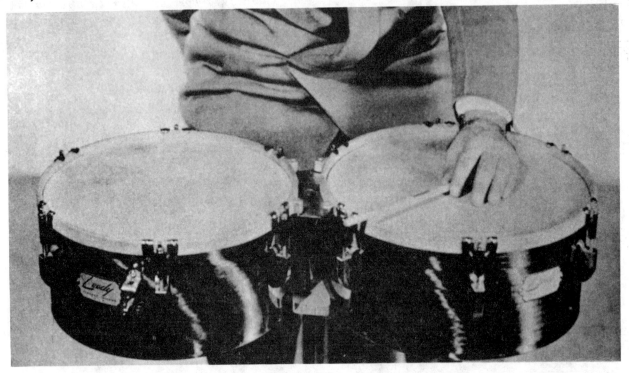

Ill. 8 — Ej. 8

A note over which the letter W is placed means to strike the center of the small timbal with the right or left stick — producing a high tom-tom sound. (See ill. 9.)

La letra (W) encima de una nota significa que debe dársele en el centro al timbal pequeño con uno de los palos bien sea el derecho o el izquierdo — produciendo un tono de tambor alto. (Vea Ej. 9.)

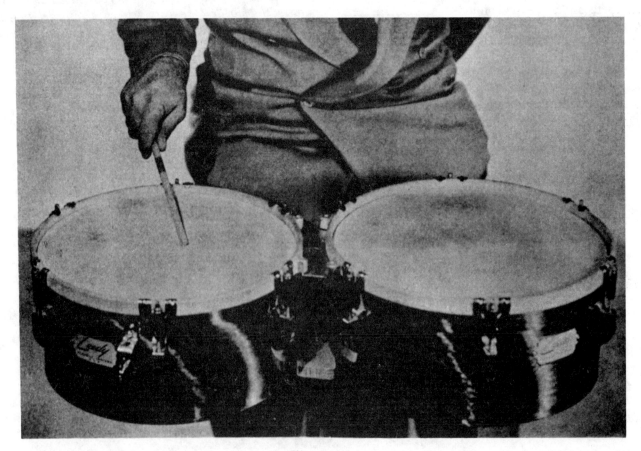

Ill. 9 — Ej. 9

The following ten exercises are given in various combinations of the distinct sounds of the timbales. Each sound is played with a staccato effect, and with exaggerated precision.

Los diez ejercicios siguientes son una combinación de los distintos sonidos de timbales. Cada sonido se toca con efecto de "staccato" y con precisión exagerada.

COMBINATION OF THE FIRST TWO SOUNDS (X and O)

COMBINACION DE LOS PRIMEROS SONIDOS (X & O)

COMBINATION OF THE FIRST THREE SOUNDS (X, O and L)

COMBINACION DE LOS TRES PRIMEROS SONIDOS (X, O & L)

COMBINATION OF ALL FOUR SOUNDS (X, O, L and W)

COMBINACION DE LOS CUATRO SONIDOS (X, O, L & W)

(This is the standard fundamental Latin beat.)

(*Este es el principio fundamental del golpe latino.*)

Ex. 9 / Ej. 9

Ex. 10 / Ej. 10

(This is the standard fundamental Latin beat.)

(Este es el principio fundamental del golpe latino.)

Listen carefully, and observe the sound effects produced by hitting the various parts of the heads and rims of the timbales. It is imperative that everything is done exactly as outlined above.

The fundamental Latin beat can be used for the following dances:—

Beguine — medium tempo.
Bolero — slow tempo.
Guaracha — medium tempo.
Rhumba — fast tempo.
Son-montuno — medium to bright tempo.
Conga — bright tempo.
Afro-Cuban — medium slow tempo.
Nañigo — bright 6/8 tempo.
Calypso — medium to bright tempo.
Paso doble — bright march tempo.
(Spanish)
Paso doble — bright waltz tempo.
(American)   (also written in 2/4 march tempo.)
Tango — slow tempo.
Samba — medium to bright tempo.
Bolero-son — slightly faster than a Bolero.
Montuno — an ad lib. chorus.

Although the fundamental Latin beat can be used for the above dances, it is most commonly used for the Bolero. In fact most conductors will insist on this beat (no other) for Boleros.

Escuche atentamente y observe el efecto de los sonidos producido por las distintas partes de los cueros y los aros cuando se tocan los timbales. Es sumamente importante que se haga todo exactamente como se explica.

El fundamental golpe latino se puede usar en los siguientes bailes:

Beguine — medio tiempo.
Bolero — tiempo lento.
Guaracha — medio tiempo.
Rumba — tiempo ligero.
Son-montuno — de medio tiempo a movido.
Conga — tiempo movido.
Afro-cubano — tiempo medio ligero.
Nañigo — tiempo movido a 6/8.
Calypso — de medio tiempo a movido.
Paso doble — tiempo de marcha movido.
(Español)
Paso doble — tiempo movido de vals.
(Americano) — (tambien se escribe a tiempo de marcha a 2/4.)
Tango — tiempo lento.
Samba — de medio tiempo a movido.
Bolero-son — escasamente mas rápido que el bolero.
Montuno — coro a la medida de su deseo. (ad lib.)

Apesar de que el golpe fundamental latino se puede usar para los bailes arriba mencionados, se usa corrientemente para el bolero. Los directores insisten en este golpe (no otro) para el bolero.

VARIATIONS OF THE FUNDAMENTAL LATIN BEAT

Typical Bolero beats on the "tops of the timbales" in combination with the clave rhythm.

VARIACIONES DEL FUNDAMENTAL GOLPE LATINO

Golpes típico de bolero en los timbales en combinación con el ritmo de la clave.

Ex. 1-A / Ej. 1-A

Ex. 2-A / Ej. 2-A

*Note:—Some conductors prefer only two foot beats to each measure; therefore, these exercises should also be practiced by eliminating the last foot beat (in circle) in each measure.

*Nota: — Algunos directores prefieren solamente dos golpes con el pié para cada medida; por lo tanto estos ejercicios deben practicarse también eliminando el último golpe con el pié (en el círculo) en cada medida.

FUNDAMENTAL BEAT WITH VARIATIONS

EL FUNDAMENTAL GOLPE CON VARIACIONES

Do not attempt the following exercises unless you have completely mastered the fundamental beat. Practice slowly — exaggerate accents.

No trate los siguientes ejercicios a menos que domine por completo el golpe fundamental. Practique despacio, exagerando los acentos.

VARIATIONS ("FILL-INS") SOUNDING LIKE BONGO BEATS

VARIACIONES ("RELLENOS") SONANDO COMO GOLPES DE BONGOES

On accents.

En acentos.

Raise the left hand above the large timbal when playing the accent, in order to produce the true tonal quality of the variation or "fill-in."

Ejecute el movimiento con la mano izquierda sobre el timbal grande cuando esté tocando el acento y así podrá obtener la verdadera cualidad de tono en la variación o "relleno."

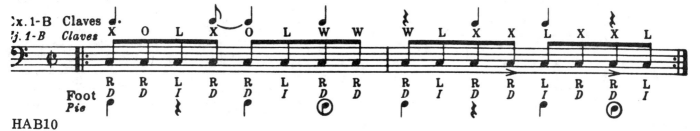

HAB10

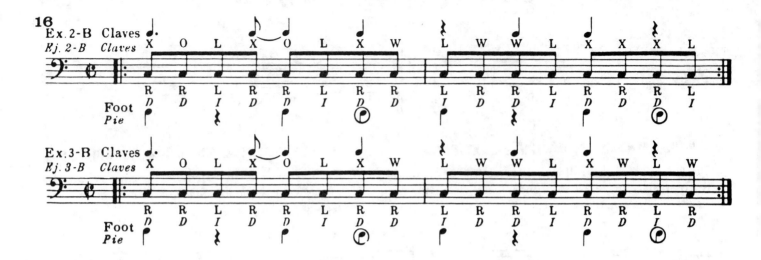

Combination of Ex. 1-A p. 8 and Ex. 1-B p. 9.   **Combinación de los Ej. 1-A p. 8 y Ej. 1-B p. 9.**

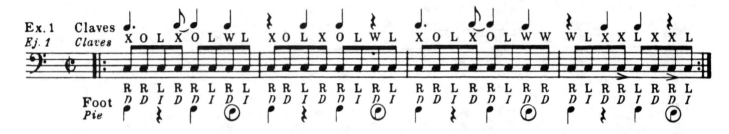

Combination of Ex. 2-A p. 8 and 2-B above.   **Combinación del Ej. 2-A p. 8 y Ej. 2-B arriba.**

Combination of Ex. 3-A p. 9 and Ex. 3-B above.   **Combinación del Ej. 3-A p. 9 y Ej. 3-B arriba.**

FOUR MEASURE VARIATION ("FILL-IN")   **INTERVALO DE 4a. VARIACIONES ("RELLENOS")**

PREPARATORY EXERCISES FOR TIMBALES "BREAKS"

EJERCICIOS DE PREPARACION PARA LOS SOLOS DE TIMBALES

Ex. 1-C / Ej. 1-C

Ex. 2-C / Ej. 2-C

Ex. 3-C / Ej. 3-C

Ex. 1-D / Ej. 1-D

Ex. 2-D / Ej. 2-D

Ex. 3-D / Ej. 3-D

HAB10

18

Combination of Ex. 1-C p. 11 and Ex. 1-D p. 11.   **Combinación del Ej. 1-C p. 11 y Ej. 1-D p. 11.**

Combination of Ex. 2-C p. 11 and Ex. 2-D p. 11.   **Combinación del Ej. 2-C p. 11 y Ej. 2-D p. 11.**

Combination of Exercises 1-D, 2-D and 3-D producing an eight measure "break."   **Combinación de los Ej. 1-D, 2-D y 3-D produciendo un "solo" en intervalo de 8a.**

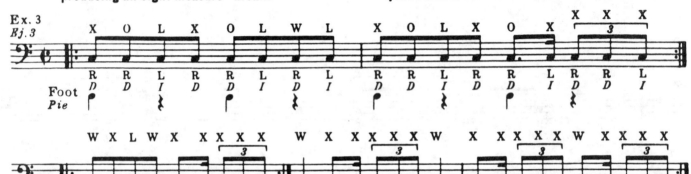

PREPARATORY EXERCISES FOR RHUMBAS, GUARACHAS AND MONTUNOS

Right hand on cow-bell, wood-block or side of timbales. Left hand as illustrated below and on page 13.

A note over which the letter L is placed means to strike the head of the large timbal with the palm of the left hand, while the stick extends over the rim. This produces a muffled tom-tom sound, a sort of "click" effect. (See ill. 10.)

EJERCICIOS DE PREPARACION PARA RUMBAS, GUARACHAS Y MONTUNOS

Mano derecha en el cencerro, cajita china o por el lado de los timbales. La mano izquierda como está ilustrada abajo y en la página 13.

La letra (L) encima de una nota significa que debe dársele al cuero del timbal grande con la palma de la mano izquierda, mientras que el palo se extiende encima del aro. Esto produce un golpe de "tom-tom" desafinado algo así como el efecto de un golpe seco. (Vea Ej. 10.)

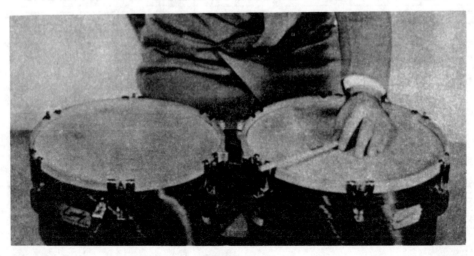

Ill. 10 — Ej. 10

A note over which the letter X is placed means that the middle of the large timbal is struck with the right or left stick — producing a deep tom-tom sound. (See ill. 11.)

Una nota sobre la cual descansa la letra (X) significa que debe dársele al timbal grande en el centro con cualquier palo — produciendo un golpe grave. (Vea Ej. 11.)

Ill. 11 — *Ej. 11*

Note: In the following Ex. 1 use the left stick only.

Employing the left hand and foot. The purpose is to develop coordination of the foot and left hand.

Nota: En el siguiente Ej. 1, use el palo izquierdo solamente.

Usando la mano izquierda y el pié. El propósito es desarrollar coordinación del pié y la mano izquierda.

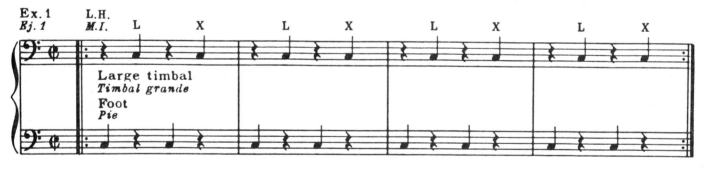

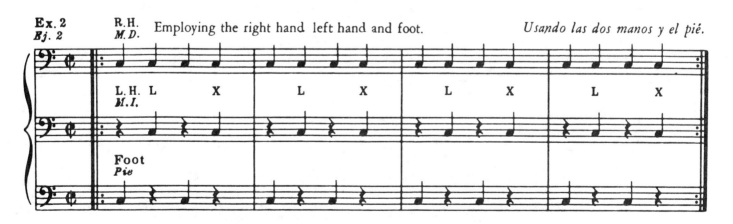

Employing the right hand, left hand and foot. (Note that the right hand and foot are played together.)

Usando las dos manos y el pié.
(Nota: La mano derecha y el pié se tocan juntos.)

Employing common beats for the right hand. Practice each measure individually.

Usando golpes corrientes para la mano derecha.
Practique cada medida individualmente.

Employing the right hand and foot.

Usando la mano derecha y el pié.

SIX BASIC BEATS

Basic, because the clave beat falls naturally into the rhythm of the right hand. The clave rhythm should be maintained in all six exercises.

Each exercise should be practiced thoroughly until the accents are played with ease and relaxation.

Right hand on the side of the timbal, cow-bell or wood-block.

SEIS GOLPES BASICOS

Básicos, debido a que los golpes de la clave caen naturalmente en el ritmo de la mano derecha. Debe mantenerse el ritmo de la clave en los seis ejercicios.

Cada ejercicio debe practicarse a conciencia hasta que los acentos puedan tocarse con naturalidad y flojedad.

Mano derecha por el lado del timbal, cencerro o la cajita china.

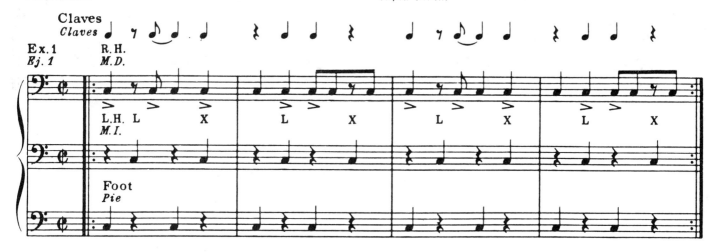

Sing clave rhythm to yourself, while practicing.

Mientras practique trate de llevar mentalmente el ritmo de la clave.

Sing clave rhythm to yourself, while practicing.

Mientras practique trate de llevar mentalmente el ritmo de la clave.

Sing clave rhythm to yourself, while practicing.

Mientras practique trate de llevar mentalmente el ritmo de la clave.

Sing clave rhythm to yourself, while practicing.

Mientras practique trate de llevar mentalmente el ritmo de la clave.

Sing clave rhythm to yourself, while practicing.

Mientras practique trate de llevar mentalmente el ritmo de la clave.

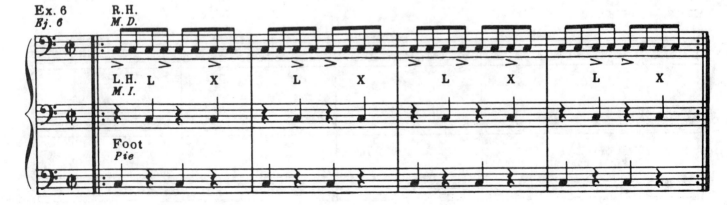

SIX BASIC BEATS WITH THE CLAVE BEAT REVERSED

The clave rhythm should be maintained in all six exercises.

SEIS GOLPES BASICOS CON EL GOLPE DE LA CLAVE INVERTIDO

El ritmo de la clave debe mantenerse en los seis ejercicios.

Sing clave rhythm to yourself, while practicing.

Mientras practique trate de llevar mentalmente el ritmo de la clave.

Sing clave rhythm to yourself, while practicing.

Mientras practique trate de llevar mentalmente el ritmo de la clave.

24

Sing clave rhythm to yourself, while practicing.

Mientras practique trate de llevar mentalmente el ritmo de la clave.

Sing clave rhythm to yourself, while practicing.

Mientras practique trate de llevar mentalmente el ritmo de la clave.

Sing clave rhythm to yourself, while practicing.

Mientras practique trate de llevar mentalmente el ritmo de la clave.

MODERN COW-BELL SOUNDS

By striking the cow-bell at different points and with different parts of the stick, a variety of sounds can be produced. (See the following four illustrations.)

Striking top of cow-bell with tip of stick.

CENCERRO MODERNO — SONIDOS DE CAMPANA

Dándole al cencerro en distintos sitios y con distintas partes del palo se produce una gran variedad de sonidos. (Vea los cuatro modelos siguientes.)

Dando encima del cencerro con la punta del palo.

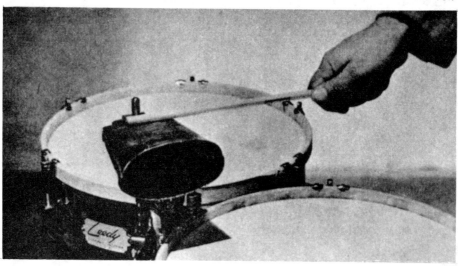

Ill. 12 — *Ej. 12*

Striking top of cow-bell with middle of stick.

Dando encima del cencerro con el medio del palo.

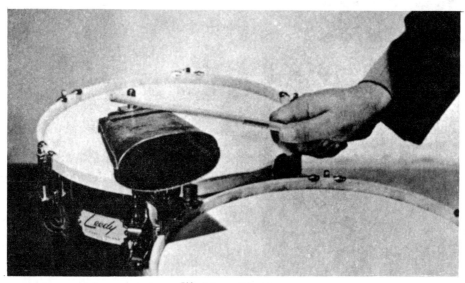

Ill. 13 — *Ej. 13*

Striking edge of cow-bell with tip of stick.

Dando en la orilla del cencerro con la punta del palo.

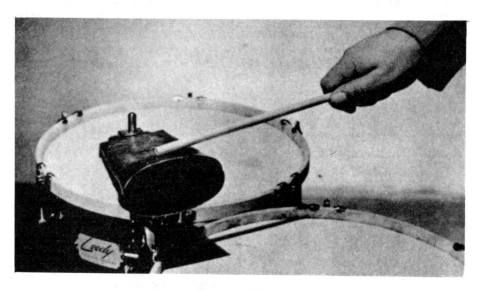

Ill. 14 — *Ej. 14*

Striking edge of cow-bell with middle of stick.

Dando por la esquina del cencerro con el medio del palo.

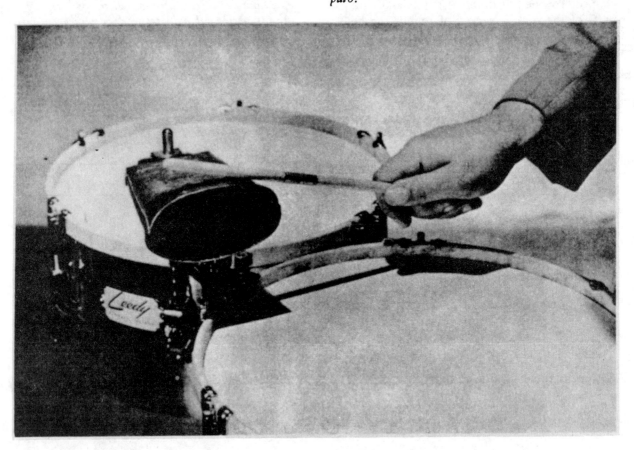

Ill. 15 — Ej. 15

In former years, the various characteristic types of so-called Latin-American rhythm were known but slightly outside of Cuba, Puerto Rico and other Spanish countries; today, however, due to the great influx of Spanish musicians into the United States, the popularity of Latin-American rhythm has increased to a point where it has developed into a more standardized system of rhythmic construction — credit for which might be given to American drum instructors.

Spanish drummers who return to their native countries do so with increased knowledge of the technique of Spanish rhythm.

The following sixteen cow-bell beats are typical of the ad lib. style used by Humberto Morales in which the accents are played exactly as he feels them. For this reason, all accents have been eliminated in these exercises. It is suggested that the timbales player memorizes each exercise and formulates his own conception with regard to accents and the production of the four distinct cow-bell sounds.

With the knowledge gained through the mastering of the previous Rhumba, Guaracha and Montuno exercises, the student should experience little difficulty in originating his own rhythmic ideas and, at the same time, maintain the typical Latin-American swing.

Further practice may be gained through the following exercises, by combining the first two measures of a given exercise with the first two measures of any of the other exercises.

En años anteriores, los distintos tipos característicos del tan renombrado ritmo latino-americano eran muy poco conocidos con excepción de Cuba, Puerto Rico y otros países hispanos. En el presente, debido a la gran afluencia de músicos hispanos a los Estados Unidos, la popularidad del ritmo latino-americano ha aumentado a un extremo tal que se ha desarrollado un sistema fijo de construcción rítmica. Por tal motivo debe dársele crédito a los instructores americanos de percusión.

Baterías latinos que regresan a sus países natales llevan consigo mayores conocimientos de la técnica del ritmo hispano.

Los siguientes dieciséis golpes de cencerro son típico del estilo "ad lib" (significa que el músico lo ejecuta a su gusto y a su manera de sentir) usado por Humberto Morales en los cuales los acentos son tocados exactamente como él los siente. Por esta razón, todos los acentos se eliminaron en estos ejercicios. Se le sugiere al músico de timbales que se aprenda de memoria cada ejercicio y forme su propio juicio con respecto a los acentos y a la ejecución de los cuatro distintos golpes de cencerro.

Con el conocimiento obtenido por mediación del dominio de los anteriores ejercicios de rumba, guaracha y montuno, el estudiante debe de encontrarse con muy pocas dificultades al ejecutar sus propias ideas rítmicas y al mismo tiempo mantener el movimiento típico latino-americano.

Se puede obtener mucha mas práctica por mediación de los siguientes ejercicios, si combina las dos primeras medidas de un ejercicio ya dado con las dos primeras medidas de cualquier otro ejercicio.

(Sing clave rhythm.)   *Mientras practique trate de llevar mentalmente el ritmo de la clave.*

(Sing clave rhythm.)   *Mientras practique trate de llevar mentalmente el ritmo de la clave.*

(Sing clave rhythm.)   *Mientras practique trate de llevar mentalmente el ritmo de la clave.*

28

(Sing clave rhythm.)

Mientras practique trate de llevar mentalmente el ritmo de la clave.

Ex.5
Ej.5

(Sing clave rhythm.)

Mientras practique trate de llevar mentalmente el ritmo de la clave.

Ex.6
Ej.6

(Sing clave rhythm.)

Mientras practique trate de llevar mentalmente el ritmo de la clave.

Ex.7
Ej.7

(Sing clave rhythm.)

Mientras practique trate de llevar mentalmente el ritmo de la clave.

Ex.8
Ej.8

(Sing clave rhythm.)

Mientras practique trate de llevar mentalmente el ritmo de la clave.

(Sing clave rhythm.)

Mientras practique trate de llevar mentalmente el ritmo de la clave.

(Sing clave rhythm.)

Mientras practique trate de llevar mentalmente el ritmo de la clave.

HAB10

30

(Sing clave rhythm.)   *Mientras practique trate de llevar mentalmente el ritmo de la clave.*

(Sing clave rhythm.)   *Mientras practique trate de llevar mentalmente el ritmo de la clave.*

(Sing clave rhythm.)   *Mientras practique trate de llevar mentalmente el ritmo de la clave.*

(Sing clave rhythm.)   *Mientras practique trate de llevar mentalmente el ritmo de la clave.*

HAB10

SYNCOPATED* RHYTHM FOR MONTUNOS, RHUMBAS AND GUARACHAS

RITMO SINCOPADO* PARA MONTUNOS, RUMBAS Y GUARACHAS

Right hand on the side of the timbal, cow-bell or wood-block.

The student is advised to sing the clave rhythm (as given in Ex. 1) to himself, in each of the following exercises.

Mano derecha por el lado del timbal, cencerro o la cajita china.

Se aconseja al estudiante que cante mentalmente el ritmo de la clave (igual que en el Ej. 1) en los siguientes ejercicios.

*Syncopated rhythm is that in which the clave rhythm is not played throughout the entire two-measure figure of the clave beat.

Ritmo sincopado es aquel en el cual el ritmo de la clave no se toca durante toda la figura de medida doble del golpe de clave.

HAB10

HAB10

Ex. 7
Ej. 7
R.H.
M.D.

Ex. 8
Ej. 8
R.H.
M.D.

CHANGING THE LEFT HAND BEAT TO PRODUCE VARIOUS RHYTHMIC PATTERNS

A note over which a dash is placed means to strike the head of the small timbal with the palm of the left hand, while the stick extends over the rim. This produces a muffled tom-tom sound with a "click" effect. (See ill. 16.)

CAMBIANDO EL GOLPE DE LA MANO IZQUIERDA PARA PRODUCIR DISTINTOS MODELOS RITMICOS

Un guión encima de una nota significa que debe dársele al timbal pequeño en la cabeza (o el cuero) con la palma de la mano izquierda, mientras que el palo se extiende sobre el aro. Esto produce un sonido como el de un tambor destemplado, algo así como el efecto de un golpe seco. (Vea Ej. 16.)

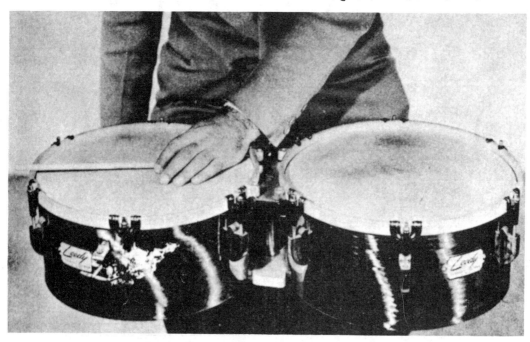

Ill. 16 — Ej. 16

A note over which the letter W is placed means to strike the center of the small timbal with the left stick — producing a high tom-tom sound. (See ill. 17.)

La letra (W) encima de una nota significa que debe dársele al centro del timbal pequeño con el palo izquierdo, lo cual produce un sonido alto. (Vea Ej. 17.)

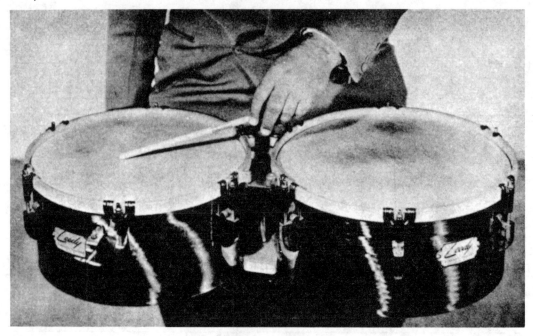

Ill. 17 — Ej. 17

A note over which the letter X is placed means to strike the center of the large timbal with the left stick — producing a low tom-tom sound. (See ill. 18.)

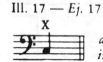

La letra (X) encima de una nota significa que debe dársele al centro del timbal grande con el palo izquierdo lo cual produce un sonido grave. (Vea Ej. 18.)

EXAMPLE (A)   Ill. 18 — Ej. 18   **EJEMPLO (A)**

EXERCISES APPLYING THE SIX BASIC BEATS TO EXAMPLE (A)

EJERCICIOS APLICANDO LOS SEIS GOLPES BASICOS AL EJEMPLO (A)

Right hand on the side of the timbal, cow-bell or wood-block.

Mano derecha por el lado del timbal, cencerro o la cajita china.

EXAMPLE (B)   **EJEMPLO (B)**

EXERCISES APPLYING THE SIX BASIC BEATS TO EXAMPLE (B)

Right hand on the side of the timbal, cow-bell or wood-block.

EJERCICIOS APLICANDO LOS SEIS GOLPES BASICOS AL EJEMPLO (B)

Mano derecha por el lado del timbal, cencerro o la cajita china.

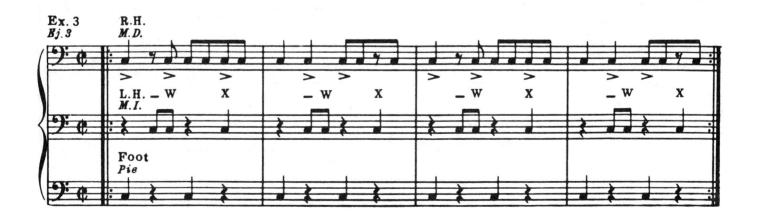

38

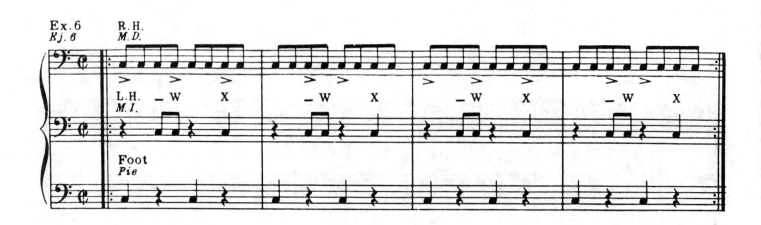

EXAMPLE (C)
Combining examples (A) and (B).

EJEMPLO (C)
Combinando los Ej. (A) y (B)

EXERCISES APPLYING THE SIX BASIC BEATS TO EXAMPLE (C)

Right hand on the side of the timbal, cow-bell or wood-block.

EJERCICIOS APLICANDO LOS SEIS GOLPES BASICOS AL EJEMPLO (C)

Mano derecha por el lado del timbal, cencerro o la cajita china.

Ex. 1 Claves
Ej. 1 Claves

Ex. 2
Ej. 2

Ex. 6 R.H.
Ej. 6 M.D.

EXAMPLE (D)

Combining examples (B) and (A).

EJEMPLO (D)

Combinando los Ej. (B) y (A).

EXERCISES APPLYING THE SIX BASIC BEATS TO EXAMPLE (D)

EJERCICIOS APLICANDO LOS SEIS GOLPES BASICOS AL EJEMPLO (D)

Ex. 1 Claves
Ej. 1 *Claves*

Mientras practique trate de llevar mentalmente el ritmo de la clave.

Ex. 2 R.H. (Sing clave rhythm.)
Ej. 2 M.D.

Ex. 3 / *Ej. 3*

(Sing clave rhythm.)

Mientras practique trate de llevar mentalmente el ritmo de la clave.

Ex. 4 / *Ej. 4*

(Sing clave rhythm.)

Mientras practique trate de llevar mentalmente el ritmo de la clave.

Ex. 5 / *Ej. 5*

(Sing clave rhythm.)

Mientras practique trate de llevar mentalmente el ritmo de la clave.

Ex. 6
Ej. 6

R. H.
M. D. (Sing clave rhythm.)

Mientras practique trate de llevar mentalmente el ritmo de la clave.

Example showing how the foot may also be practiced, in order to develop greater flexibility and control of the various rhythmic patterns.

Apply this foot beat to the other five basic beats, starting with Ex. 2.

Ejemplo demostrando como debe practicarse el pié con el fin de desarrollar mayor flexibilidad y control de los distintos modelos rítmicos.

Aplique el golpe de pié a los otros cinco golpes básicos empezando con el Ej. 2.

BOLERO AND RHUMBA ACCOMPANIMENT ON THE SIDES OF THE TIMBALES

ACOMPANAMIENTO DE RUMBAS Y BOLEROS POR LOS LADOS DE LOS TIMBALES

This rhythm is commonly known, by Latin-American musicians, as "Paila" rhythm. It is the fullest and most effective style for Bolero accompaniment as well as a very appropriate rhythm for fast Rhumbas. Because of its delicate and perfect blend with maracas, güiro and bongos, it is used mostly for soft effects. It is played by simply tapping the side of the timbal with either the tip of the stick (producing a soft effect) or with the middle of the stick (producing a heavy sound). Ill. 19 shows how to use the tip of the stick.

Este ritmo se conoce popularmente entre los músicos latino-americanos como ritmo de "Paila." Es el estilo que más llena y al mismo tiempo el más efectivo para el acompañamiento de boleros como también el más apropiado para el ritmo de rumbas rápidas. Debido a su delicada y perfecta adaptación a las maracas, güiro y bongoes, se usa principalmente por su efecto suave. Se toca simplemente dando con la punta de cualquiera de los palos por los lados de los timbales, (lo cual produce un golpe suave) o por el medio de los palos (produciendo un golpe fuerte). El ejemplo "19" demuestra como debe de usarse la punta del palo.

Ill. 19 — Ej. 19

Repeat each exercise several times, and try to get accustomed to the wrist movement as shown in illustration 19.

Repita cada ejercicio muchas veces y trate de acostumbrarse al movimiento de la muñeca como se demuestra en el Ej. "19."

Ex. 1 / Ej. 1 — R.H. / M.D. — R. H. on side of small timbal. — *Mano derecha por el lado del timbal pequeño.*

L. H. on side of large timbal. / M.I. — *Mano izquierda por el lado del timbal grande.*

Foot / Pie

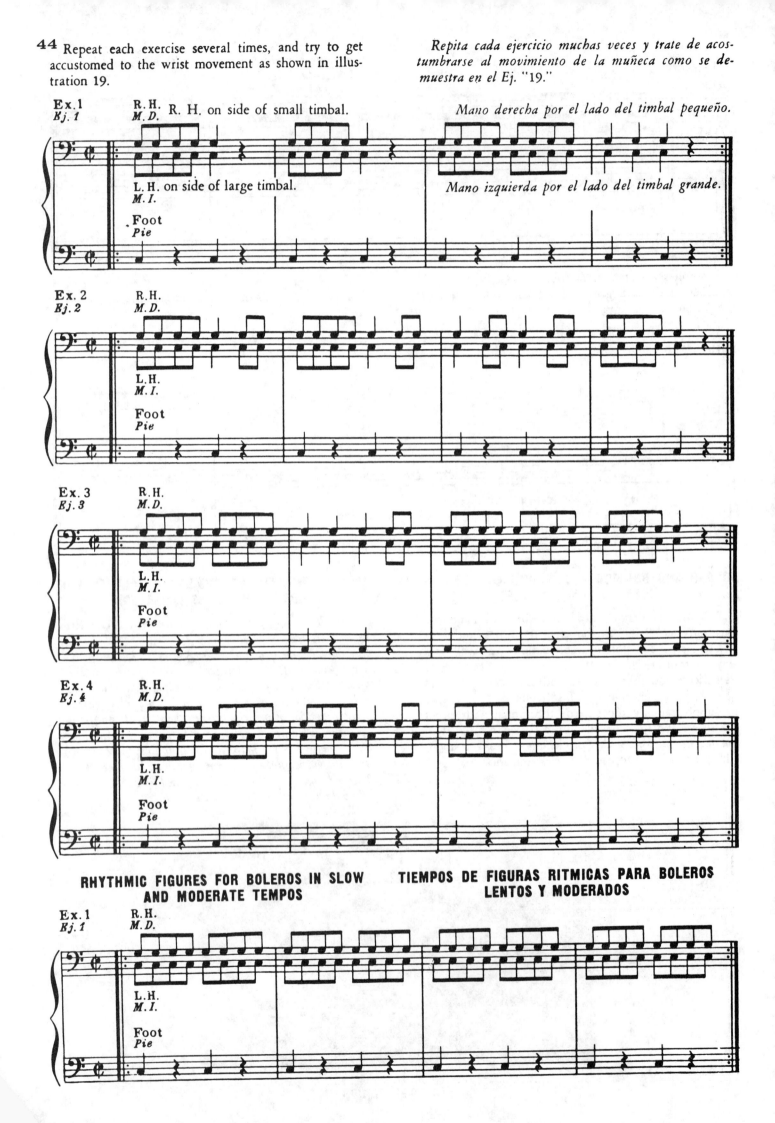

RHYTHMIC FIGURES FOR BOLEROS IN SLOW AND MODERATE TEMPOS
TIEMPOS DE FIGURAS RITMICAS PARA BOLEROS LENTOS Y MODERADOS

It is extremely important to observe all accents.

Es sumamente importante que observe los acentos.

"TWO WAY" RHYTHMIC FIGURES FOR RHUMBAS IN MEDIUM AND FAST TEMPOS

While practicing these rhythmic figures, sing the clave beat to yourself. This will enable you to get the feel of the rhythm.

After you have learned all eight exercises, reverse the fingering and play the same beats with opposite hands.

"DOS FORMAS" DE EJECUTAR LAS FIGURAS RITMICAS PARA RUMBAS DE MEDIO TIEMPO Y LIGERAS

Mientras practique estas figuras rítmicas, cante mentalmente el golpe de la clave. Esto lo ayudará a sentir el ritmo.

Después que se haya aprendido los ocho ejercicios, invierta la digitación y toque los mismos golpes con las manos opuestas.

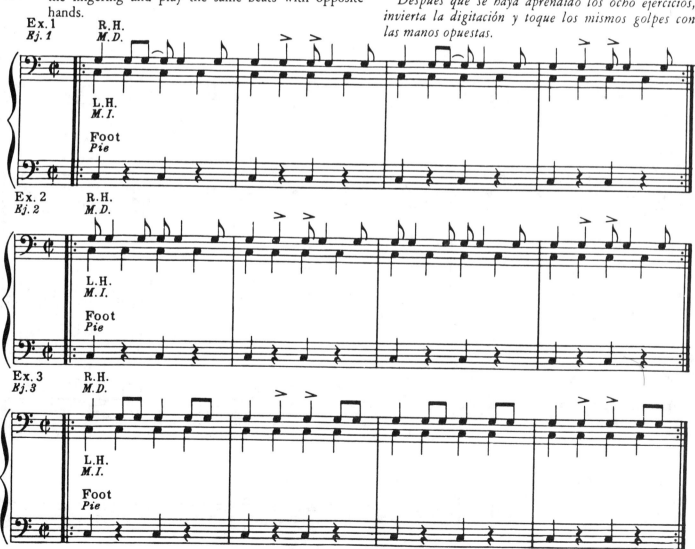

46

HAB10

Ex.1
Ej.1

Ex.2
Ej.2

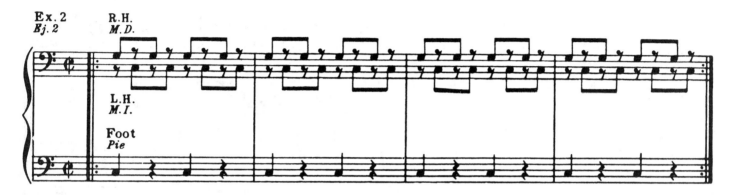

Ex.3
Ej.3 Observe accents. *Observe los acentos.*

Ex.4
Ej.4

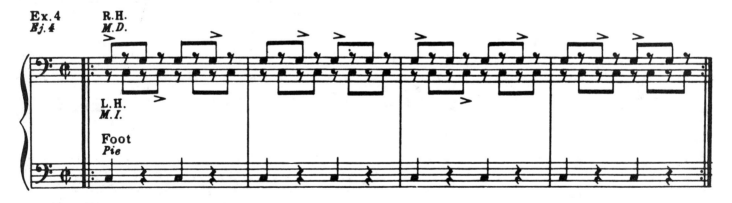

Ex.5
Ej.5

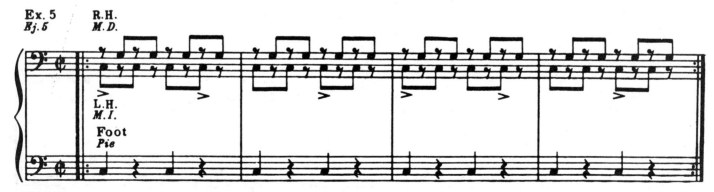

HAB10

Ex. 6
Ej. 6

R.H.
M.D.

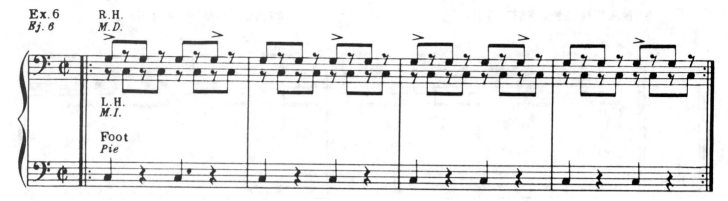

L.H.
M.I.

Foot
Pie

RHYTHMIC VARIATIONS

VARIACIONES RITMICAS

Ex. 1
Ej. 1

L L L R L R L R L R
I I D I D I D I D

Simile
Simil

Foot
Pie

Ex. 2
Ej. 2

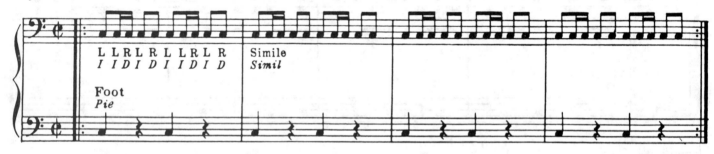

L L L R L R L L R L R
I I D I D I D I I D I D

Simile
Simil

Foot
Pie

Ex. 3
Ej. 3

R.
D.

L   L R L R
I   *I D I D*

Simile
Simil

Foot
Pie

Ex. 4
Ej. 4

R.
D.

L L L R L R L
I I D I D I

Simile
Simil

Foot
Pie

HAB10

Ex. 1   Play on the sides of the timbales.

Ej. 1   *Tóquelo por los lados de los timbales.*

When you have learned Ex. 2 as it is written, reverse the fingering and play the same beats with opposite hands.

Because of its basic rhythm, this is a very practical figure — especially for small bands.

Cuando se aprenda el ejercicio 2 como está escrito, invierta la digitación y toque los mismos golpes con las manos opuestas.

Este ritmo es muy práctico debido a su ritmo básico, principalmente en bandas pequeñas.

Ex. 2   R.H.

Ej. 2   *M.D.*

GUARACHA AND RHUMBA RHYTHM IN WHICH ALL CLAVE ACCENTS ARE PLAYED WITH THE RIGHT HAND

RITMO PARA GUARACHAS Y RUMBAS EN EL CUAL TODOS LOS ACENTOS DE LA CLAVE SE TOCAN CON LA MANO DERECHA

Ex. 3

Ej. 3

EXERCISES EMPLOYING THE FINGERS OF THE LEFT HAND, INSTEAD OF THE STICK, ON THE LARGE TIMBAL

EJERCICIOS USANDO LOS DEDOS DE LA MANO IZQUIERDA EN VEZ DEL PALO, EN EL TIMBAL GRANDE

A note under which the numeral 1 is placed means to snap the forefinger of the left hand on the head of the large timbal, using a snap of the wrist. (See ill. 20.)

Snapping forefinger on the head with a snap of the wrist.

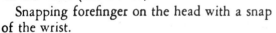

El número (1) debajo de una nota significa que castañee el dedo índice de la mano izquierda sobre el cuero del timbal grande, usando un movimiento ligero de la muñeca. (Vea Ej. 20.)

Castañeando el dedo índice sobre el cuero del timbal con un movimiento ligero de muñeca

Ill. 20 — Ej. 20

EXERCISES FOR DEVELOPING THE SNAP OF THE FOREFINGER AND THE "THUMP" OF THE FIVE FINGERS (ILL. 21) ON THE HEAD OF THE TIMBAL

EJERCICIOS PARA DESARROLLAR EL CASTAÑEO DE LOS DEDOS PULGAR E INDICE (EJ. 21) SOBRE EL CUERO DEL TIMBAL

Ill. 21 — Ej. 21

A note under which the numeral 2 is placed means to strike the head of the large timbal with all five fingers. (See ill. 21.)

Striking the head with all five fingers.

Apply the left hand beat in Ex. 1 to the rhythm of the basic cow-bell or wood-block beat.

Also practice this left hand beat in conjunction with all the other basic beats.

El número 2 encima de una nota significa que debe darse sobre el cuero del timbal grande con los cinco dedos. (Vea Ej. 21.)

Dando sobre el cuero con los cinco dedos.

Aplique el golpe de la mano izquierda en el Ej. 1 al ritmo del golpe básico del cencerro o la cajita china. china.

Tambien practique el golpe de la mano izquierda en unión a todos los demás golpes básicos.

(On cow-bell, wood-block or side of timbal.)

En el cencerro, cajita china o por el lado de los timbales.

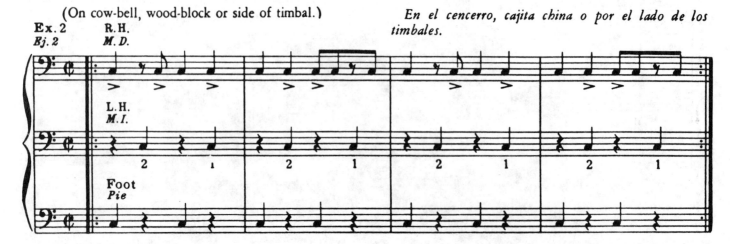

Apply the left hand finger rhythm in the above exercise to all six basic beats.

Use el ritmo de dedo de la mano izquierda en el ejercicio de arriba para todos los seis golpes básicos.

A note under which the numeral 3 is placed means to snap the thumb (using the outside part) down on the head of the timbal. (See ill. 22.)

El número 3 debajo de una nota significa que castañee el dedo pulgar, (usando la parte de afuera) encima del cuero del timbal. (Vea Ej. 22.)

Snapping thumb on head.

Castañeando el dedo pulgar en el cuero.

Ill. 22 — Ej. 22

EXERCISE COMBINING THE SNAP OF THE FOREFINGER, THE "THUMP" OF THE FIVE FINGERS AND THE SNAP OF THE THUMB

EL SIGUIENTE EJERCICIO ES UNA COMBINACION DEL DEDO INDICE, EL GOLPE DE LOS CINCO DEDOS CON EL CASTANEO DEL DEDO PULGAR

(On cow-bell, wood-block or side of timbal.)

Mano derecha en el cencerro, cajita china o por el lado del timbal.

Apply the left hand finger rhythm in above Ex. 1 to all six basic beats.

Many hours of practice are required in the development of good finger technique.

Aplique el ritmo de la mano izquierda del Ej. 4 (arriba) a los seis golpes básicos.

Se requieren muchas horas de práctica para el desarrollo de una buena digitación técnica.

BRAZILIAN RHYTHM
The Samba

The Samba was first danced in Brazil by the natives at street carnivals. Later, it was adopted by dance orchestras and today it is one of the most popular native Brazilian dances. Like Cuban music, it is written in 2/4 tempo but, in order to simplify reading, it will be written here in alla breve.

For the Samba, a regulation snare drum (snares off) is used. It is played by holding a wire brush in the left hand and resting it flatly on the head of the drum. The right hand holds a short stick (about four inches shorter than the standard drum stick) with a rubber tip. (See ill. 23.) The regular two beats to the measure is played on the bass drum.

RITMO BRASILENO
La Samba

Primeramente la samba se bailaba por las calles de Brasil durante los carnavales. Más tarde la adoptaron las orquestas y hoy día es uno de los bailes brasileños más populares. Al igual que la música cubana, se escribe a un tiempo de 2/4 pero con el fin de simplificar la lectura se escribirá lo más breve posible.

Para la samba se usa un redoblante, (redoblante sin resonadores). Se toca con una escobilla en la mano izquierda y descansándola planamente en el cuero del redoblante. Con la mano derecha coge un palo, (cuatro pulgadas mas corto que el palo regular de redoblante) y con la punta de goma. (Vea Ej. 23.) La medida doble se usa en el redoblante bajo.

Showing right and left hand positions.

Demostrando las posiciones de las manos.

Ill. 23 — Ej. 23

The following symbols will be used as a means of identification for the various sounds and effects.

A note over which the letter H is placed means a rim shot played with the right hand (stick) while keeping the left hand (brush) flatly on the head of the drum; thus producing a high pitched sound. (See ill. 24.)

Los siguientes signos deben de usarse como medios de identificación para los distintos sonidos y efectos.

La letra (H) encima de una nota significa que debe dar un golpe en el aro con el palo que tiene en la mano derecha al mismo tiempo que la escobilla descansa planamente sobre el cuero del tambor, lo cual produce un tono alto. (Vea Ej. 24.)

Ill. 24 — Ej. 24

When no symbol is placed over a note, it refers to the left hand holding the wire brush. It is important to rest the brush flatly against the head of the drum. (See ill. 25.)

Cuando no se pone ningún signo encima de una nota, debe de agarrar la escobilla con la mano izquierda. Es importante que ponga la escobilla planamente contra el cuero del tambor. (Vea Ej. 25.)

Ill. 25 — Ej. 25

A note over which the letter T is placed means to strike the middle of the head with the right hand stick, producing a tom-tom sound. The brush in the left hand must be held lightly against the head. (See ill. 26.)

La letra (T) encima de una nota significa que debe dar en el medio del cuero con el palo que tiene en la mano derecha, lo cual produce un sonido grave. La escobilla en la mano izquierda debe de agarrarse suavemente contra el cuero. (Vea Ej. 26.)

Ill. 26 — Ej. 26

It will be noticed that there are three different Samba sounds.

The following exercises are a combination of the first two sounds. Remember to raise the index finger of the left hand slightly (holding the brush flatly on the head) when an open tone is desired.

Nótese que hay tres sonidos distintos para la samba.

Los siguientes ejercicios son una combinación de los dos primeros sonidos. Acuérdese de levantar suavemente el dedo índice de la mano izquierda (descansando la escobilla planamente sobre el cuero) cuando desee un tono abierto.

Ex. 4 / *Bj. 4* — For speed, practice many times. — *Para rapidez, practiquelo muchas veces.*

Ex. 1 / *Ej. 1* — **COMBINATION OF ALL THREE SOUNDS** — **COMBINACION DE LOS TRES SONIDOS**

Practice until great speed is acquired. Note the difference in accents.

Practique hasta que haya adquirido mucha rapidez. Note la diferencia de los acentos.

Ex. 2 / *Bj. 2*

Ex. 3 / *Bj. 3*

Ex. 4 / *Bj. 4*

Ex. 5 / *Bj. 5*

56

Ex. 6
Ej. 6

OTHER SAMBA FIGURES   OTRAS FIGURAS DE SAMBA

Ex. 1
Ej. 1

Ex. 2
Ej. 2

Ex. 3
Ej. 3

Ex. 4
Ej. 4

MODERN VARIATIONS OF SAMBA RHYTHM
EXERCISES EMPLOYING THE "MAMMY-DADDY" EFFECT

VARIACIONES MODERNAS A RITMO DE SAMBA
EJERCICIOS USANDO EL EFECTO DE "MAMMY-DADDY"

EXERCISES EMPLOYING THE "PRESS ROLL"

EJERCICIOS USANDO EL "REDOBLE A PRESION"

58

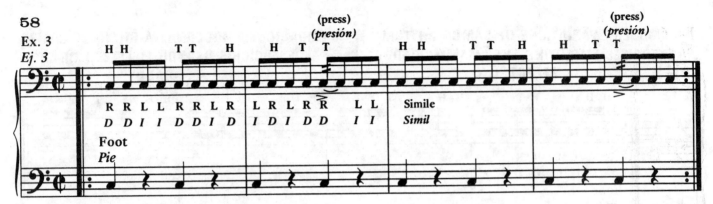

LEFT HAND AND FOOT IN UNISON, PLAYING TWO BEATS TO THE MEASURE

Coordination of the hands and foot make it absolutely necessary that these exercises are practiced slowly until the control is mastered.

LA MANO IZQUIERDA Y EL PIE, AL UNISONO, TOCANDO DOS GOLPES A LA MEDIDA

La coordinación de las manos y el pié hace absolutamente necesario el que estos ejercicios se practiquen despacio hasta que se dominen completamente.

MODERN USE OF THE DRUM SET IN APPLICATION TO SAMBA RHYTHMS

A.) Bass Drum and Hi-hat

In Samba numbers, the bass drum (right foot,) and the hi-hat (left foot,) are sometimes played as shown below, by both North and South American drummers. Note that Exercise 1 is for the feet only, while Exercises 2 and 3 add simple snare drum figures to the already established foot pattern.

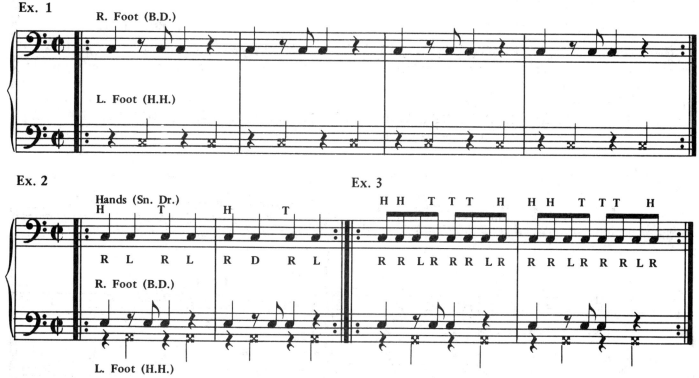

B.) The Ride Cymbal

Contemporary Samba playing allows for the ride cymbal (played with the right hand stick,) to maintain straight eighth-notes, while the left stick performs a basic Samba pattern on the snare drum, and the feet function as above. For softer, ballad-like Samba pieces, a wire-brush may be substituted for the stick, in the right hand, and a soft timpani mallet substituted for the stick, in the left hand.

C.) The Large and Small Tom-toms

Left hand patterns, such as those of Exercises 4 and 5, may also be transferred to the large and small tom-toms, allowing for a greater number of sounds to obtain.

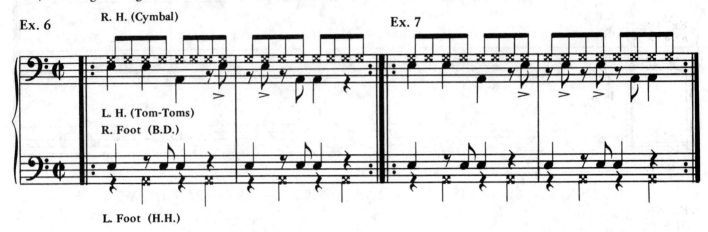

It may be noted that many Brazilian drummers reverse the leading hand in figures such as those of Exercises 4 through 7, and play the cymbal with the left hand, the drums with the right hand. Also, two cymbals are sometimes used, with a corresponding constant switching of leading hand, thus creating an almost infinite series of interesting rhythms and effects.

THE BRAZILIAN MARCH

The accompaniment for the Brazilian march, a form of dance, is very similar to that of the Samba but in a slightly different form. In Brazil, it is played for parades, carnivals and other festivities, and it is danced by many people on the streets. Like the Samba, its increased popularity has brought it to the cabarets where it has been adopted as a regular dance.

As in the Samba, it is played two beats to the measure on the bass drum.

The same symbols and position of the hands used for the Samba are also used for the Brazilian march.

LA MARCHA BRASILERA

Hay muy poca diferencia en el acompañamiento de la marcha brasilera, una forma de baile, parecida a la samba pero en una forma un poco distinta. En Brasil la tocan en paradas, carnavales y otras fiestas y las personas la bailan en la calle. Al igual que la samba, su aumentada popularidad la trajo a los cabarets donde la adoptaron como un baile corriente.

Lo mismo que la samba, se toca a dos en cada tiempo en el redoblante sin resonadores.

Los mismos signos y la posición de las manos de la sambo es igual al de la marcha brasilera.

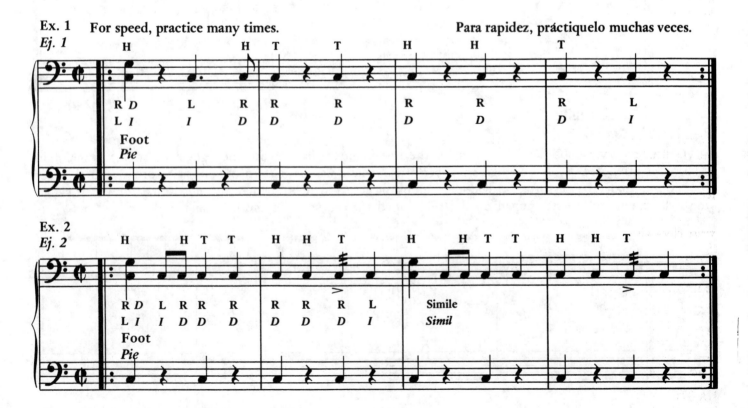

THE FOLLOWING EXERCISES 3A AND 3B ILLUSTRATE THE SIMILARITY IN RHYTHM BETWEEN THE SAMBA AND THE MARCH

LOS SIGUIENTES EJERCICIOS 3A Y 3B DEMUESTRAN LA SIMILARIDAD ENTRE EL RITMO DE LA SAMBA Y LA MARCHA

THE CABAZA

The cabaza, used for Sambas, is a large round gourd (covered with rows of strung beads) which shapes downward to a bulbous base. (See ill. 27.) The rhythmic effect of this instrument is produced by agitating the beads against the hollow gourd, and by slapping it with the right hand and turning it with the left hand.

To produce the rhythmic effect required in the Samba, grasp the bulbous base with the left hand and play in the following manner.

LA CABAZA

La cabaza se usa en las sambas. Es una fruta más grande y redonda que la higüera de maracas, y está cubierta de hileras de camándulas. La parte de abajo tiene la forma de una base bulbosa. (Vea Ej. 27.) El efecto rítmico de este instrumento se produce agitando las camándulas contra la higüera, (que está hueca) y dándole con la mano derecha; al mismo tiempo se le dá vuelta con la mano izquierda.

Con el fin de obtener el efecto rítmico que se requiere en la samba, empuñe la base bulbosa con la mano izquierda y tóquela de la siguiente forma.

Chik - a, chook - a.

First beat:—Slap the gourd with the open palm of the right hand.

Second beat:—Strike against the beads with the extended fingers of the right hand.

Third beat:—Rotate the cabaza by turning the left wrist clockwise.

Fourth beat:—Rotate the cabaza in reverse by turning the left wrist counter clockwise, bringing it back to its original position.

The entire operation should make the beads move slowly around and against the gourd and produce a sound something like "Chik-a, chook-a," with the accent always on the third quarter beat. This rhythm is played continuously without variation.

Primer golpe:—Golpéese la higüera con la palma de la mano derecha.

Segundo golpe:—Con los dedos de la mano derecha extendidos dele a las camándulas.

Tercer golpe:—Dele vuelta a la cabaza rotando la muñeca izquierda como si fuera las manecillas del reloj.

Cuarto golpe:—Dele vuelta a la cabaza al reverso volteando la muñeca izquierda opuesta a las manecillas del reloj, trayéndola a su posición original.

El movimiento completo hace que las camándulas se muevan despacio, alrededor, contra la higüera y produce un sonido parecido al "Chik-a, chook-a" siempre con el acento en el golpe tres cuarto. Este ritmo no varía, tiene que ser continuo.

Ill. 27 — Ej. 27

THE CHOCALLO

The chocallo, also used for Sambas, is a long metal cylinder containing beads. When played with both hands, it is grasped at each end and is played with an up and down motion of the forearm and wrist. (See ill. 28.) It may also be played by holding it in either hand, grasping it in the center, in order to avoid fatigue.

D means down; U means up.

EL CHOCALLO

El chocallo tambien se usa para las sambas, es un cilindro largo de metal que contiene camándulas. Al tocarse con las dos manos se empuña por los extremos con un movimiento de arriba para abajo del antebrazo y la muñeca. (Vea Ej. 28.) Tambien se puede tocar agarrándolo en cualquier mano, empuñándolo en el centro con el fin de evitar cansancio.

D significa abajo: U significa arriba.

This rhythm, with slight deviation, is continued throughout the dance.

Este ritmo, con un breve desvío se continúa durante toda la pieza.

THE CHOCALLO   EL CHOCALLO

THE MARACAS

The maracas are made of round or oval gourd shells which are dried and filled with buckshot, olive pits, beads or dried peas. To these shells, handles are attached. (See ill. 29.) For slow Boleros, large shells, filled with olive pits, are used because they produce a deep, heavy, languid sound. For fast Rhumbas and Congas, smaller shells, filled with beads or dried peas, are used to give a more delicate sound and also to provide greater playing ease for the player.

The maracas are as important to Latin rhythm as the Hi-Hat cymbals are to jazz music. Besides creating a pulsating rhythm, they add flavor and character to the music. The rhythm and sound should be the same as that produced by the drummer on the sides of the timbales (paila).

LAS MARACAS

Las maracas se hacen de cascos de higüeras redondas u ovaladas. Se les saca la cachipa y se ponen a secar. Le echan perdigones, pepitas de aceitunas, camándulas o chícharos secos y se les pone un mango. (Vea Ej. 29.) Para boleros suaves, se usan cascos grandes, llenos de pepitas de aceitunas, debido a que producen un sonido grave y fuerte. En las rumbas ligeras y congas, se usan cascos pequeños con camándulas o chícharos secos debido a que dan un sonido mas delicado y tambien para que el músico descanse.

Las maracas son tan importantes para el ritmo latino, como es el platillo alto para la música de "jazz." Tras de crear un ritmo pulsativo, le agrega una cualidad distintiva y peculiar a la música. El ritmo y el sonido deben de ser iguales a los del timbalero cuando toca por los lados de los timbales (paila).

THE MARACAS

LAS MARACAS

Ill. 29 — Ej. 29

The sound of the maracas is produced by rolling (or throwing) all the pits together with a slight wrist motion. The best way to practice the following exercises is to sit down and hold the maracas as shown in illustration 29 and strike each knee with short, crisp strokes.

El sonido de las maracas se produce rodando o tirando las camándulas juntas con un movimiento ligero de muñeca. La mejor forma de practicar los siguientes ejercicios es sentarse y coger las maracas como se demuestra en el ejemplo 29 y dándose en las rodillas golpes secos y cortos.

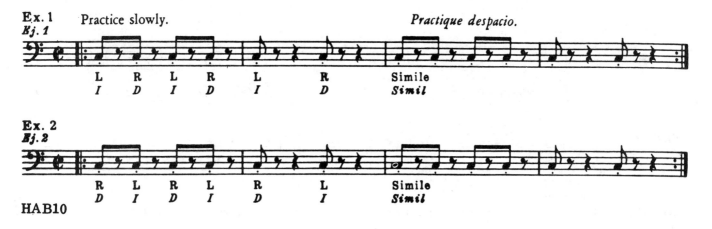

HAB10

Ex. 3
Ej. 3

L R L R L L — Simile
I D I D I I — Simil

R L R L R R — Simile
D I D I D D — Simil

Ex. 4
Ej. 4

After having mastered the preceding exercises, continue with the following rhythmic phrases while remaining seated. Practice each exercise many times.

Después que domine por completo los ejercicios anteriores, permanezca sentado y continúe con las frases rítmicas siguientes. Practique cada ejercicio muchas veces.

Ex. 1
Ej. 1

L R L R L — R L R L R — Simile
I D I D I — D I D I D — Simil

Ex. 2
Ej. 2

L R L R L L — R L R L R R — Simile
I D I D I I — D I D I D D — Simil

Ex. 3
Ej. 3

L R L R L R L — R L R L R L R — Simile
I D I D I D I — D I D I D I D — Simil

Ex. 4
Ej. 4

L R L R L R L R — L L L L — R L R L R L R L — R R R R
I D I D I D I D — I I I I — D I D I D I D I — D D D D

Ex. 5
Ej. 5

L R L R L R L R — L R L R L L — R L R L R L R L — R L R L R R
I D I D I D I D — I D I D I I — D I D I D I D I — D I D I D D

Ex. 6
Ej. 6

L R L R L L R — L R L R L — R L R L R R L — R L R L R
I D I D I I D — I D I D I — D I D I D D I — D I D I D

Ex. 7
Ej. 7

L L R L L R — L R L R L L — R R L R R L — R L R L R R
I I D I I D — I D I D I I — D D I D D I — D I D I D D

Ex. 8
Ej. 8

L R L R L R L R — Simile — L R L R L
I D I D I D I D — Simil — I D I D I

Also reverse fingering, starting with the right hand.

Digitación reversa, comenzando con la mano derecha.

HAB10

When you feel positive that you have acquired the knack" of rolling or throwing all the pits together, practice the following exercises while standing.

Cuando esté seguro de que ha adquirido la destreza de correr los perdigones o tirarlos juntos, practique de pié los siguientes ejercicios.

Ex. 1
Ej. 1

L L R L R L R L R   L L R L R L L   R R L R L R L R L   R R L R L R R
I I D I D I D I D   *I I D I D I I*   *D D I D I D I D I*   *D D I D I D D*

Ex. 2
Ej. 2

R L L R L L   R L   R   L R R L R R   L R L
D I I D I I   *D I   D*   *I D D I D D*   *I D I*

Ex. 3
Ej. 3

L L R L L R   L L R L L   R R L R R L   R R L R R
I I D I I D   *I I D I I*   *D D I D D I*   *D D I D D*

Ex. 4
Ej. 4

L L R L L R   Simile
I I D I I D   *Simil*

Also reverse fingering, starting with the right hand.

Digitación reversa empezando con la mano derecha.

THE CONGA DRUM

The conga drum is a long tom-tom with a very low, deep sound. Its use in Latin music is to reinforce the heavier rhythm, and accentuate the pattern played by the string bass.

The conga drum is held upright between the player's knees or slung from the shoulder by means of a strap. It is played with the palms of the hands. (See ill. 30.)

This instrument is used for Afro-Cuban numbers, Rhumbas, Guarachas, Montunos and Congas — never for Boleros and Sones.

LA TAMBORA

La tambora es un tambor largo, de un tono bien bajo y grave. Se usa en la música latina para reforzar el ritmo, dar mayor fuerza y en cierta forma imitar al contrabajo.

La tambora se coloca verticalmente entre las rodillas del músico o se cuelga de los hombros por mediación de una correa. Se toca con la palma de las manos. (Vea Ej. 30.)

Este instrumento se usa para números afro-cubanos, rumbas, guarachas, montunos y congas — nunca para boleros o sones.

THE CONGA DRUM

LA TAMBORA

Ill. 30 — Ej. 30

SLOW AFRO-CUBAN RHYTHM

RITMO AFRO-CUBANO (DESPACIO)

THE CONGA DRUM

LA TAMBORA

For short, muffled sounds, strike near the edge of the drum with the palm of the left hand. For deep, booming sounds, strike in the center of the drum with the palm of the right hand.

Para sonidos cortos y sordos dele con la palma de la mano izquierda en el borde del tambor. Para sonidos graves dele al centro del tambor con la palma de la mano derecha.

Ex. 1
Ej. 1

Ex. 2
Ej. 2

Ex. 3
Ej. 3

Ex. 4
Ej. 4

EXERCISES IN MEDIUM AND FAST TEMPOS

EJERCICIOS A MEDIO TIEMPO Y LIGEROS

Note the strong accent on the fourth beat in each measure

Note el acento fuerte en el cuarto golpe de cada medida.

Ex. 1
Ej. 1

Ex. 2
Ej. 2

Ex. 3
Ej. 3

Ex. 4
Ej. 4

Ex. 5
Ej. 5

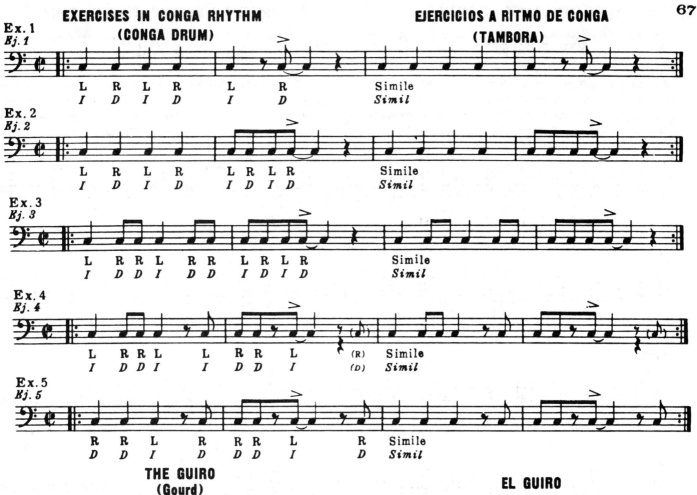

EXERCISES IN CONGA RHYTHM
(CONGA DRUM)

EJERCICIOS A RITMO DE CONGA
(TAMBORA)

THE GUIRO
(Gourd)

The güiro (gourd) is another of the rhythm family — it produces a sibilant, insinuating sound. It is made of a long, dried and hollowed out gourd with ridges cut across its face. It has a hole cut in the back for inserting the thumb of the left hand.

The güiro is played by rubbing the corrugated surface with a thin wire or stick held in the right hand. (See ill. 31.) A chop-stick is excellent for soft, smooth rhythm; a wire for loud, scratchy sounds.

The güiro, like the conga, is not used for Boleros.

THE GUIRO

EL GUIRO

El güiro es otro de los instrumentos de ritmo, y produce un tono sibilante e insinuativo. Se hace de una higüera larga, seca y hueca, con canales transversales en el frente, y tiene un hoyo en la parte de atrás por donde se mete el dedo pulgar de la mano izquierda para agarrarlo.

El güiro se toca raspando el frente acanalado con un alambre fino o un palo, agarrado con la mano derecha. (Vea Ej. 31.) Un palo es excelente para un ritmo dulce y suave; un alambre para un tono fuerte y sibilante. El güiro, al igual que la tambora, no se usa para boleros.

EL GUIRO

Ill. 31 — Ej. 31

Güiro rhythm, like that of all other Cuban instruments, is played to blend with the clave beat.

D means down; U means up.
Claves

For the low notes, scrape but do not remove the wire from the gourd.

For the high notes, use a short, choppy staccato stroke.

THE FUNDAMENTAL SHUFFLE BEAT

The shuffle beat is the fundamental rhythm of gourd technique and should be carefully mastered before attempting any other rhythm.

IMPORTANT: With the stick touching the ridges, swing both forearms together (slightly up and down) to a moderate alla breve tempo.

No sound is, as yet, produced. Be sure that only the forearms move up and down. Now, with a slight wrist movement of the right hand, play the following rhythm along the ridges, keeping the up and down motion of the forearms. Do not raise the stick from the gourd!

Forearm motion.

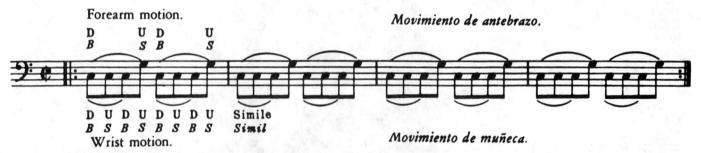

Wrist motion.

Without lifting the stick from the ridges, shuffle the complete figure by combining the slurred group of three eighth notes (D motion) with the fourth eighth note (U motion).

Practice until complete mastery is acquired.

SUGGESTION. You may find it easier to visualize the first three eighth notes as a dotted quarter, thus:—

RITMO DE GUIRO A GOLPE DE CLAVE

El ritmo del güiro, al igual que los demás instrumentos cubanos, se toca combinado con el golpe de clave.

D significa baje; U significa sube.

Para notas graves, raspe, pero no separe el alambre del güiro.

Para notas agudas, use un palo corto a golpe de "staccato."

EL FUNDAMENTAL GOLPE SIBILANTE

El golpe sibilante es la técnica fundamental para el ritmo del güiro y se debe dominar por completo antes de tratar cualquier otro ritmo.

IMPORTANTE: Con el palo que está tocando las canales, balancée los dos antebrazos juntos, (suavemente de arriba para abajo) a un tiempo moderado.

Todavía no se ha producido ningún sonido. Esté seguro de solamente mover los antebrazos, de arriba para abajo. Ahora, con un ligero movimiento de muñeca de la mano derecha, toque el siguiente ritmo encima de las canales con el mismo movimiento de arriba para abajo de los antebrazos. No separe el palo del güiro.

Movimiento de antebrazo.

Movimiento de muñeca.

Sin levantar el palo de las canales, ejecute la figura completa combinando ligeramente el grupo de notas de 3/8 (movimiento D) con la nota 3/4 (movimiento U).
Practique hasta que haya adquirido un dominio completo.

SUGERENCIA. Usted lo encontrará mucho mas fácil si representa las (3/8) notas como si fueran corcheas con puntillo, de este modo:—

Forearm motion

Movimiento de antebrazo.

Wrist motion

Movimiento de muñeca.

IMPORTANT GUIRO RHYTHM

The only time the scraper is kept in constant contact with the gourd is while playing the shuffle beat.

By striking the corrugation sharply and firmly, a louder, sharper sound is produced.

While practicing the following exercises, sing the clave beat to yourself.

RITMO IMPORTANTE DE GUIRO

En el único instante en que el raspador se tiene en contacto constante con el güiro es mientras esté tocando el golpe sibilante.

Con el fin de producir un tono sostenido y firme mucho más alto, dé fuertemente sobre el frente acanalado.

Mientras esté practicando los siguientes ejercicios, lleve mentalmente el golpe de la clave.

THE CENCERRO
(Cow-Bell)

The cencerro (cow-bell) is the basic tempo controller for all the other instruments that are playing tricky rhythm. It is the only Latin rhythm instrument that plays a straight, simple beat. It is used in Montunos or whenever the rhythm is being featured. In both Rhumbas and Congas it plays an important part. Do not use the cow-bell in Boleros or smooth melodies!

The cow-bell is held flatly in the palm of the left hand — muffling the sound. It is struck with a heavy, short stick (or clave) held in the right hand — producing a deep ("thup") metallic sound. (See ills. 32 and 33.)

EL CENCERRO

El cencerro es el controlador básico del tiempo para los demás instrumentos de ritmo. Es el único instrumento latino de ritmo con el cual se toca un golpe firme y simple. Se usa en los montunos o siempre que se vaya a tocar un ritmo. En rumbas y congas desempeña un papel importante. No use el cencerro para boleros ni melodías suaves.

El cencerro se agarra planamente en la palma de la mano izquierda,— ensordeciendo el sonido. Se le dá fuertemente con un palo duro y corto, mano derecha — produciendo un tono metálico y grave. (Vea Ejs. 32 y 33.)

THE CENCERRO   EL CENCERRO

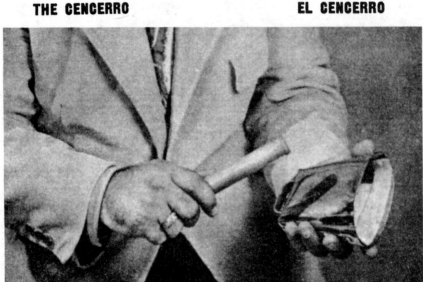

Ill. 32 — Fj. 32

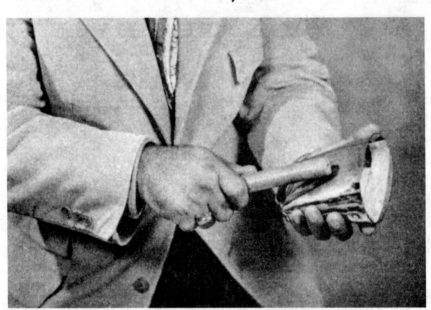

Ill. 33 — Ej. 33

The following solid (two to a measure) beat is used in all tempos. Care, more than skill, is needed to keep a steady tempo.

Los siguientes golpes sólidos (dos para cada medida) se usan en todos los tiempos. Cuidado, mejor que destreza, se requiere para llevar un tiempo constante.

EXERCISES FOR THE COW-BELL IN CONGA RHYTHM

The following rhythmic figures (used for Conga lines) can all be played simultaneously by different members of the band. Do not play these figures against the clave or conga beats!

The note in the fourth space means to strike the upper side of the cow-bell.

The note in the second space means to strike the open edge of the cow-bell.

EJERCICIOS DE CENCERRO A RITMO DE CONGA

Las siguientes figuras rítmicas (se usan en congas) se pueden tocar simultaneamente por diferentes miembros de la banda. No toque estas figuras en contraste con el golpe de clavo o conga.

La nota en el cuarto espacio significa que debe darse sobre la parte alta del cencerro.

La nota en el segundo espacio significa que debe darse sobre el borde abierto del cencerro.

Ex. 9
Ej. 9

Ex. 10
Ej. 10

THE QUIJADA
(Jaw-Bone)

The quijada (jaw-bone), like the cow-bell, is used only where rhythm is being featured. It is not used in Boleros or smooth melodies. In Rhumbas, and particularly in Congas, it adds a very unique color to the rhythm.

The jaw-bone is held with the left hand and gently struck with the right hand, allowing the teeth to rattle freely. (See ill. 34.)

LA QUIJADA

La quijada, al igual que el cencerro se usa solamente cuando se esté tocando un ritmo. No se usa en boleros, ni melodías suaves. En rumbas, y particularmente en congas, le agrega un colorido sin igual al ritmo.

La quijada se agarra con la mano izquierda y suavemente se le da con la mano derecha permitiendo que los dientes crujan libremente. (Vea Ej. 34.)

THE QUIJADA   LA QUIJADA

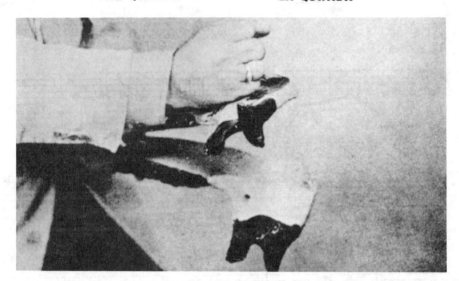

Ill. 34 — Ej. 34

EXERCISES FOR THE JAW-BONE
Always keep the clave beat in mind.

EJERCICIOS PARA LA QUIJADA
Siempre tenga en mente el golpe de clave.

Ex. 1
Ej. 1

Ex. 2
Ej. 2

Ex. 3
Ej. 3

CONGA RHYTHM / RITMO DE CONGA

Ex. 1 / Ej. 1 Accent the "Charleston" beat. / *Acentúe el golpe "Charleston."*

The simplest rhythm is most adaptable to the jaw-bone thus allowing its teeth to rattle freely, in order to give the desired effect.	*El ritmo más simple es el que más se adapta a la quijada, permitiendo esto que los dientes crujan libremente con el fin de obtener el efecto deseado.*

EXERCISES IN CONGA RHYTHM FOR THE DEVELOPMENT AND COORDINATION OF THE HANDS AND FOOT / EJERCICIOS A RITMO DE CONGA PARA EL DESARROLLO Y COORDINACION DE LAS MANOS Y PIE

W means to strike the head of the small timbal in the center. / *(W) significa que dé e nel centro del cuero del timbal alto.*

X means to strike the head of the large timbal in the center. / *(X) significa que dé en el centro del cuero del timbal bajo.*

L means to strike the head of the large timbal with the palm of the left hand, while the stick extends over the rim. / *(L) significa que dé en el cuero del timbal grande con la palma de la mano izquierda, mientras que el palo se extiende sobre el aro.*

EXERCISE COMBINING THE RIGHT HAND AND FOOT / EJERCICIO COMBINANDO LA MANO DERECHA Y EL PIE

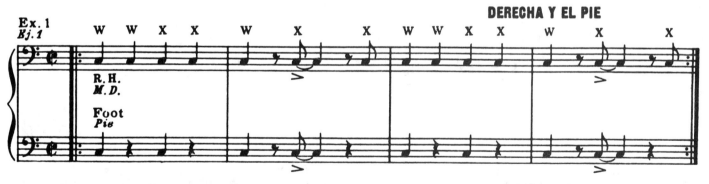

EXERCISE COMBINING THE LEFT HAND AND FOOT / EJERCICIO COMBINANDO LA MANO IZQUIERDA Y EL PIE

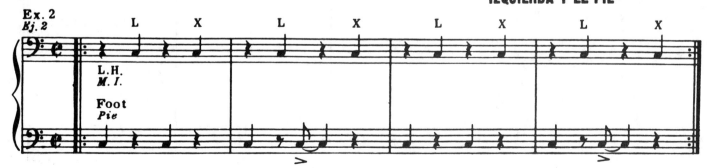

CONGA RHYTHM ON THE TIMBALES

RITMO DE CONGA EN LOS TIMBALES

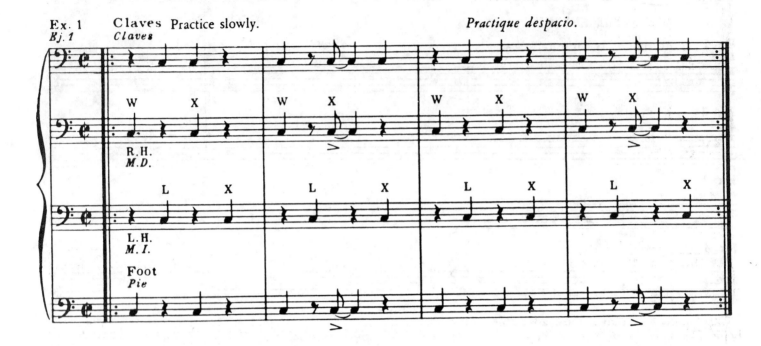

Ex. 1 / Ej. 1 — Claves — Practice slowly. — Practique despacio.

In the following exercises, the clave beat is the same as that in exercise 1.

En los siguientes ejercicios, el golpe de clave es igual al del ejercicio 1.

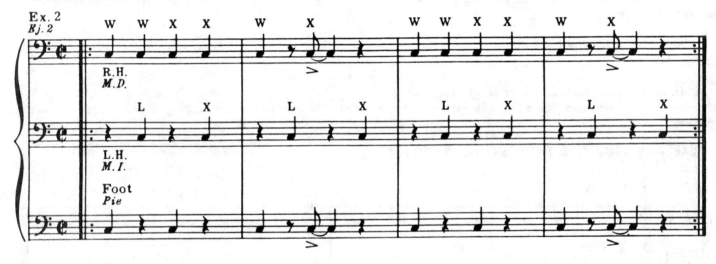

Ex. 2 / Ej. 2

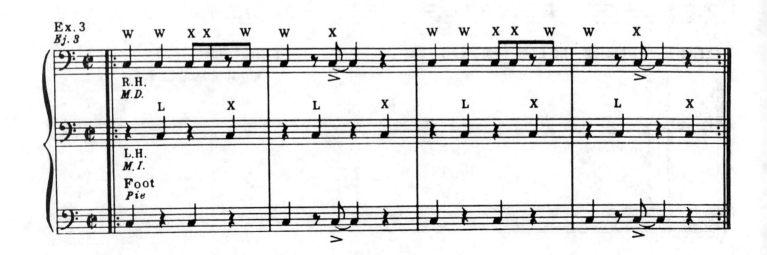

Ex. 3 / Ej. 3

Ex. 8
Bj. 8

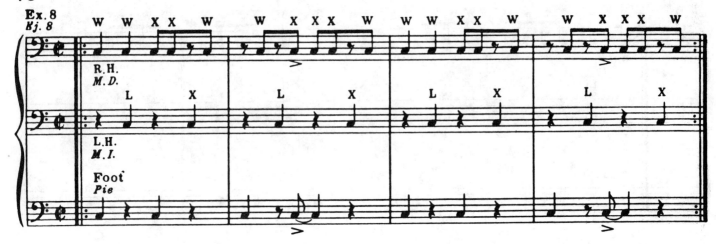

By striking the cymbal on the "Charleston" beat, a more definite Conga style is acquired.

Dando en el platillo al golpe de "Charleston," se adquiere un estilo de conga más definido.

Ex. 1 Claves
Bj. 1 *Claves*

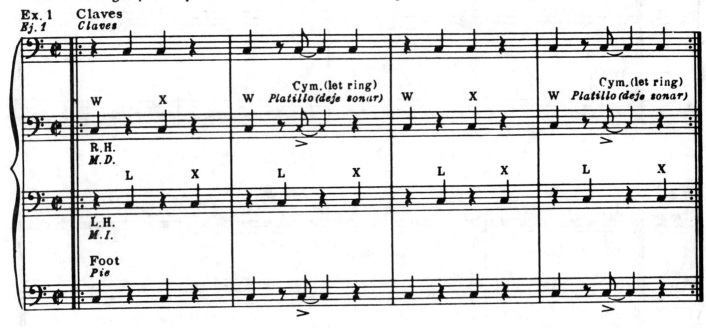

In the following exercises, the clave beat is the same as that in exercise 1.

En los siguientes ejercicios, el golpe de clave es igual al del ejercicio 1.

Ex. 2
Bj. 2

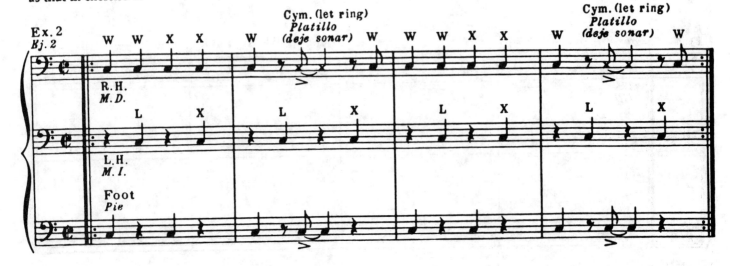

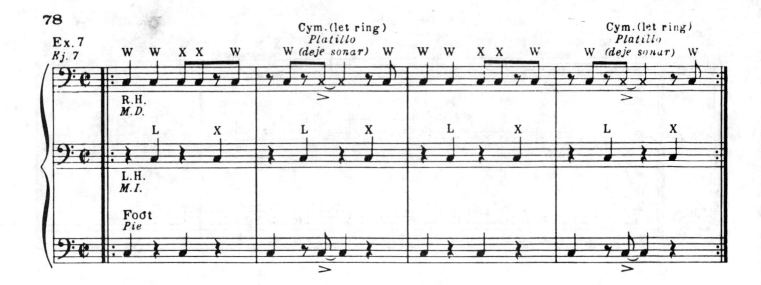

CONGA RHYTHM FOR TWO COW-BELLS, CYMBAL and TIMBALES

RITMO DE CONGA PARA DOS CENCERROS PLATILLO Y TIMBALES

Small cow-bell.   Large cow-bell.   *Cencerro pequeño.*   *Cencerro grande.*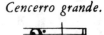

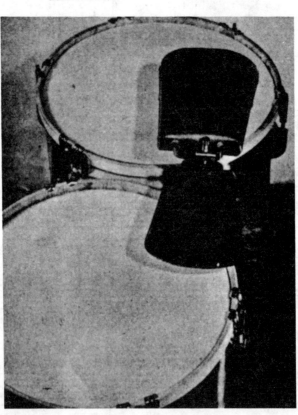

Ill. 35 — Ej. 35

Notice that all accented notes are played on the cymbal.

After you have thoroughly learned all of the conga exercises, invent a few of your own beats.

A good typical Cuban effect can be acquired by striking two cow-bells (large and small) attached to the timbales, and striking the cymbal on the "Charleston" beat.

Note que todas las notas acentuadas se tocan en el platillo.

Después que haya aprendido enteramente todos los ejercicios de conga, trate de inventarse algunos golpes.

Un buen efecto típico cubano se puede adquirir dando sobre dos cencerros (grande y pequeño) unidos a los timbales, y dando en el platillo al golpe de "Charleston."

HAB10

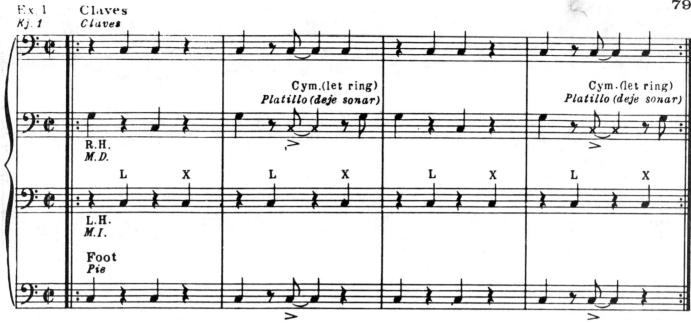

In the following exercises, the clave beat is the same as that in exercise 1.

En los siguientes ejercicios el golpe de clave es igual al del ejercicio 1.

HAB10

80

HAB10

CONGAS (continued)

Exercise employing cow-bells only (R.H.).

Be sure to play in tempo, and play the accent in its proper place.

This beat is probably the most typical and most practical beat in a band containing a full rhythm section.

CONGAS (continuacion)

Ejercicio usando el cencerro solamente (M.D.).

Esté seguro de tocar a tiempo, y toque el acento en su respectivo sitio.

Este golpe probablemente es el más típico y práctico para una banda que tenga una sección completa de ritmo.

Exercises employing the fingers of the left hand in place of the stick. (For timbales player.)

These exercises are to be played on the large timbal, cow-bells and cymbal.

A note over which the numeral 1 is placed means to snap the forefinger on the head of the large timbal, using a snap of the wrist at the same time. (See ill. 36.)

A note over which the numeral 2 is placed means to strike with all five fingers on the head of the large timbal. (See ill. 37.)

A note over which the numeral 3 is placed means to snap the thumb to the left across the head of the large timbal. (See ill. 38.)

HAB10

Ejercicios usando los dedos de la mano izquierda en lugar del palo. (Para timbaleros.)

Estos ejercicios son para tocarse en el timbal grande, cencerros y platillo.

El número 1 sobre una nota significa que dé con el dedo índice sobre el cuero del timbal grande, usando un golpe de muñeca al mismo tiempo. (Vea Ej. 36.)

El número 2 sobre una nota significa que dé con los cinco dedos en el cuero del timbal grande. (Vea Ej. 37.)

El número 3 sobre una nota significa que dé tirando a la izquierda de medio a medio en el cuero del timbal grande (Vea Ej. 38.)

Ill. 36 — *Ej.* 36

Ill. 37 — *Ej.* 37

Ill. 38 — *Ej.* 38

Ex.1 Claves
Ej. 1 Claves

Ex. 2 Claves
Ej. 2 Claves

Apply the above left hand beats to all the previous conga exercises.

Aplique los golpes de la mano izquierda de arriba, a los ejercicios de conga anteriores.

AFRO-CUBAN RHYTHM
(Played on tops of timbales)

X — Strike the center of the large timbal with the right or left stick.

W — Strike the center of the small timbal with the right or left stick.

O — Strike the rim of the large timbal with the right stick.

L — Place the left hand (palm down), holding the stick, on the head of the large timbal; then, while the hand remains in that position, strike the rim of the timbal with the stick.

The foot may also play two or four beats to a measure, instead of as written in the following exercises.

RITMO AFRO-CUBANO
(Se toca encima de los timbales)

X — Dele al centro del timbal grande, bien sea con el palo derecho o el izquierdo.

W — Dele al centro del timbal pequeño, bien sea con el palo derecho o el izquierdo.

O — Dele al aro del timbal grande con el palo derecho.

L — Ponga la mano izquierda, (la palma de la mano para abajo), agarrando el palo, en el cuero del timbal grande; después, mientras la mano permanece en esta posición, dele al aro del timbal con el palo.

El pié también debe de tocar dos o cuatro golpes para cada medida, en lugar a como está escrito en los siguientes ejercicios.

In the following exercises, the clave beat is the same as that in exercise 1.

En los siguientes ejercicios, el golpe de clave es igual al del ejercicio 1.

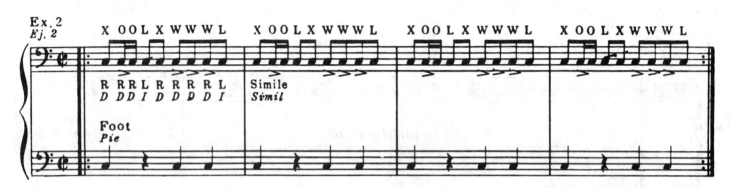

AFRO-CUBAN RHYTHM
(Played on side of timbales)

RITMO AFRO-CUBANO
(Se toca por los lados de los timbales)

The foot may also play two or four beats to a measure, instead of as written in the following exercises.

El pié debe de tocar de dos a cuatro golpes para cada medida, en vez de la forma en que está escrito.

In the following exercises, the clave beat is the same as that in exercise 1.

En los siguientes ejercicios, el golpe de clave es igual al del ejercicio 1.

AFRO-CUBAN 6/8

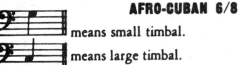 means small timbal.

means large timbal.

There are three ways of playing the following exercises, viz.:—

First way

Right hand on both the small and large timbales, as explained above.

Left hand, with the fingers, on the large timbal. (See ill. 39.)

Second way

Right hand on the small and large cow-bells, instead of on the timbales.

Third way

Use one cow-bell only.

Note:—In the second and fourth measures, exercises 10, 11 and 12, the right hand plays three notes against two notes in the left hand and foot. These three notes should sound like a triplet. Practice slowly and carefully.

AFRO-CUBANO 6/8

significa timbal pequeño.

significa timbal grande.

Los siguientes ejercicios se pueden tocar de tres formas

Primero

La mano derecha en el timbal grande y en el timbal pequeño, como se explicó arriba.

La mano izquierda, con los dedos en el timbal grande. (Vea Ej. 39.)

Segundo

La mano derecha en el cencerro grande y en el cencerro pequeño en lugar de los timbales.

Tercero

Use solamente un cencerro.

Nota: — En la segunda y cuarta medida de los ejercicios 10, 11 y 12, la mano derecha toca tres notas en contraste con dos notas de la mano izquierda y del pié. Estas tres notas deben de sonar como un tresillo. Practique despacio y cuidadosamente.

Ill. 39 — *Ej. 39*

Ill. 40 — *Ej. 40*

The numeral 1 over a note means to snap the forefinger on the head of the large timbal, using a snap of the wrist at the same time. (Ill. 39)

The numeral 2 over a note means to strike with all five fingers on the head of the large timbal. (Ill. 40)

El número 1 sobre una nota significa que debe de darse con el dedo índice sobre el cuero del timbal grande, usando un ligero movimiento de muñeca al mismo tiempo. (Ej. 39)

El número 2 sobre una nota significa que dé con los cinco dedos sobre el cuero del timbal grande. (Ej. 40)

Ex. 1
Ej. 1

Ex. 2
Ej. 2

Ex.3
Ej.3

R.H.
M.D.

L.H.
M.I.

Foot
Pie

Ex.4
Ej.4

R.H.
M.D.

L.H.
M.I.

Foot
Pie

Ex.5
Ej.5

R.H.
M.D.

L.H.
M.I.

Foot
Pie

Ex.6
Ej.6

R.H.
M.D.

L.H.
M.I.

Foot
Pie

Ex. 11
Ej. 11

Ex. 12
Ej. 12

AFRO-CUBAN

Right hand (with stick) on cow-bell.

Left hand (without stick) on large timbal.

The numeral 1 over a note means to snap the forefinger on the head of the large timbal, using a snap of the wrist at the same time.

The numeral 2 over a note means to strike with all five fingers on the head of the large timbal.

The numeral 3 over a note means to snap the thumb to the left across the head of the large timbal.

Note:— In the following exercises, the second quarter note in measures one and three (L.H.) is accented.

If more convenient, instead of using the fingers of the left hand, a rubber mallet or Samba stick may be used. The sound produced by the latter is somewhat similar to that of the finger technique which takes a great deal of practice to develop.

AFRO-CUBANO

La mano derecha (con el palo) en el cencerro.

La mano izquierda (sin el palo) en el timbal grande.

El número 1 sobre una nota significa que dé con el dedo índice en el cuero del timbal grande, usando al mismo tiempo un ligero movimiento de muñeca.

El número 2 sobre una nota sinifica que dé con los cinco dedos en el cuero del timbal grande.

El número 3 sobre una nota significa que dé con el dedo pulgar tirando hacia la izquierda a través del cuero del timbal grande.

Nota: En los siguientes ejercicios, la nota 2/4, en las medidas 1a. y 3a. (M.I.) es acentuada.

Si es más conveniente, en vez de usar los dedos de la mano izquierda, use una macetita de goma o un palo de samba. El tono que ésto produce es muy parecido al que produce la técnica de los dedos, lo cual requiere mucha práctica para desarrollarse.

Ex. 1
Ej. 1

Ex. 2
Ej. 2

Ex. 3
Ej. 3

Ex. 4
Ej. 4

THE BEGUINE
(Played on snare drum with snares on or off)

The Beguine, having had its origin on the Isle of Martinique, is now a favorite dance throughout the world.

In order to produce the desired effect, press roll all quarter notes and observe the accents.

EL BEGUINE
(Se toca en la caja con o sin resonadores)

El "beguine" se originó en la isla de Martinica; y actualmente es un baile muy favorito y conocido mundialmente.

Con el fin de producir el efecto deseado, redoble a presión las corcheas y observe los acentos.

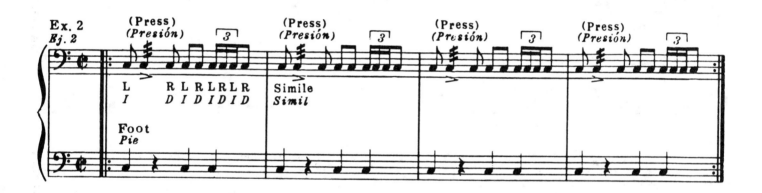

THE BEGUINE
(Played on tops of timbales)

Strike the center of the large timbal with the right stick. This will produce a deep tom-tom sound.

Strike the rim of the large timbal with the right stick. This will produce a sharp, high pitched (rim shot) sound.

Place the left hand (palm down), holding the stick, on the head of the large timbal; then, while the hand remains in that position, strike the rim of the timbal with the stick. This will produce a combination of a muffled (tom-tom) sound with a "click" effect.

Strike the center of the small timbal with the right or left stick. This will produce a high tom-tom sound.

EL BEGUINE
(En el cuero de los timbales)

Dele al centro del timbal grande con el palo de la mano derecha. Esto producirá un tono grave.

Dele al aro del timbal grande con el palo derecho. Esto producirá un tono agudo (golpe de aro.)

Ponga la mano izquierda (palma para abajo) agarrando el palo encima del cuero del timbal grande, con la mano en esa posición dele al aro del timbal con el palo. Esto producirá una combinación de tambor sin resonadores y del golpe de aro.

Dele al centro del timbal pequeño con cualquiera de los palos. Esto producirá un tono agudo.

The letter X in a small circle X means to raise the left hand completely off the timbal.

Notice that in exercise 3 the press roll is again employed to give the desired effect on the timbal.

La letra X dentro de un círculo significa que levante la mano izquierda completamente fuera del timbal.

Note que en el ejercicio 3 se usa otra vez el redoble a presión con el fin de obtener del timbal el tono deseado.

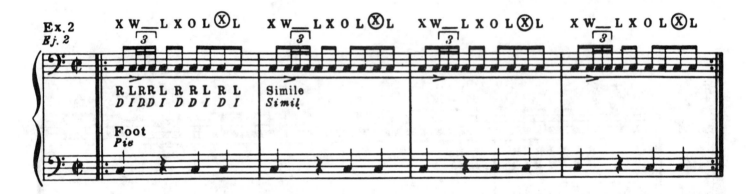

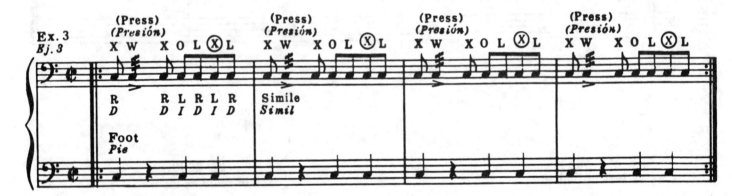

THE ARGENTINE TANGO
(Played on snare drum with snares on or off)

No fingering is given for these exercises; the player may choose his own.

Accent the press rolls as indicated.

There is no set rule as to the style and rhythmic figuration the drummer should use when accompanying a Tango; he should, however, use his own discretion when following the rhythmic pattern of the composition being played. When the proper "feel" is developed, the player will undoubtedly be able to invent some of his own interesting rhythmic patterns.

EL TANGO ARGENTINO
(Se toca en la caja, con o sin resonadores)

En estos ejercicios la digitación se deja a discreción del músico.

Acentúe el redoble a presión según se indica.

No hay regla establecida en cuanto al estilo y la figuración rítmica que el percusionista ha de seguir al acompañar un tango, por lo tanto debe de usar su propio criterio cuando siga el modelo rítmico de la composición que está ejecutando. Una vez haya desarrollado el verdadero sentimiento, el músico sin lugar a dudas, estará capacitado para ejecutar sus propios modelos rítmicos.

In exercises 1 and 2 the accented press roll falls on the last beat in each measure.

In exercises 3 and 4 the accented press roll falls on the last eighth note in each measure. Observe the foot beats.

In exercise 5 there are two accents in each measure.

In exercise 6 there are three accents in each measure.

Notice the change in the foot beat in exercises 5 and 6.

En los ejercicios 1 y 2, el acentuado redoble a presión cae en el último golpe de cada medida.

En los ejercicios 3 y 4, el acentuado redoble a presión cae en la octava nota de cada medida. Observe los golpes de pié.

En el ejercicio 5, hay dos acentos para cada medida.

En el ejercicio 6, hay tres acentos en cada medida.

Nótese el cambio de los golpes del pié en los ejercicios 5 y 6.

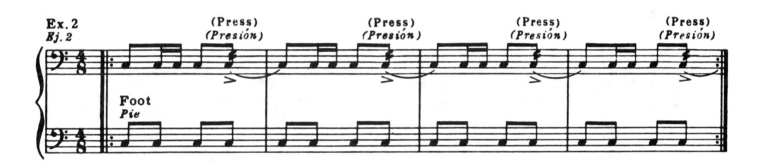

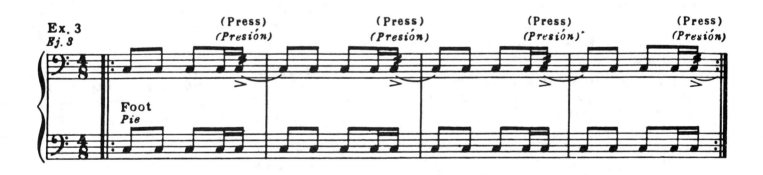

HAB10

Ex. 5
Ej. 5

Ex. 6
Ej. 6

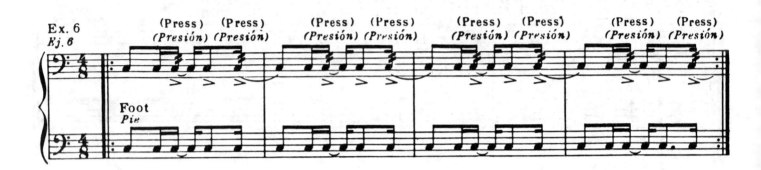

TWO-MEASURE TIMBALES "BREAKS," "FILL-INS" AND RHYTHMIC FIGURES EMPLOYED IN RHUMBAS, GUARACHAS, Etc.

Strike the head of the small timbal with the right or left stick.

Strike the head of the large timbal with the right or left stick.

In all exercises play two foot beats to each measure.

The clave beat is given to emphasize the importance of playing each "break" and "fill-in" in the proper two-measure meter.

Each exercise contains four measures. The first two measures in each case are written in the regular rhythm of the composition, while the third and fourth measures are the "break" or "fill-in." Thus, in this manner, the student will derive the proper practice in leading up to a "break" or "fill-in," enabling him to be prepared for this type of drumming in professional work.

The typical Rhumba rhythm for cow-bell, found on page 15, may be substituted for the first two measures in each exercise.

L — Place the left hand (palm down), holding stick, on the head of the large timbal; then, while the hand remains in that position, strike the rim of the timbal with the stick.

X — Strike the center of the large timbal with the right or left stick.

HAB10

DOS COMPASES — "SOLOS DE TIMBALES," RELLENOS Y FIGURAS RITMICAS USADAS EN RUMBAS Y GUARACHAS, Etc.

Dele al cuero del timbal pequeño con cualquier palo.

Dele al cuero del timbal grande con cualquier palo.

En todos los ejercicios toque dos golpes de pié para cada medida.

Se dá el golpe de clave con el fin de acentuar la importancia de tocar los "solos y rellenos" a su debido tiempo.

Cada ejercicio tiene cuatro medidas. En cada caso las dos primeras medidas están escritas al ritmo regular de la composición, mientras que la tercera y cuarta medida son para "solos y rellenos." Por lo tanto de esta manera, el estudiante obtendrá la verdadera práctica de tocar "solos y rellenos," capacitándolo a que esté preparado para este tipo de percusión en trabajos profesionales.

El ritmo típico de rumba para cencerro en la página 15, se puede substituir por las dos primeras medidas de cada ejercicio.

L — Ponga la mano izquierda (palma para abajo), agarrando el palo sobre el cuero del timbal grande; con la mano en esa posición dele al aro del timbal con el palo.

X — Dele al centro del timbal grande con cualquier palo.

Notice right flams in the last two measures.

Nótese la apoyatura, en las dos últimas medidas.

Ex. 1 Claves
Ej. 1 Claves

Apply the left hand, as shown above, to all the following exercises.

Observe fingering in the third and fourth measures.

Use la mano izquierda, como se enseña arriba, en los siguientes ejercicios.

Observe digitación en la tercera y cuarta medida.

Ex. 2 Claves
Ej. 2 Claves

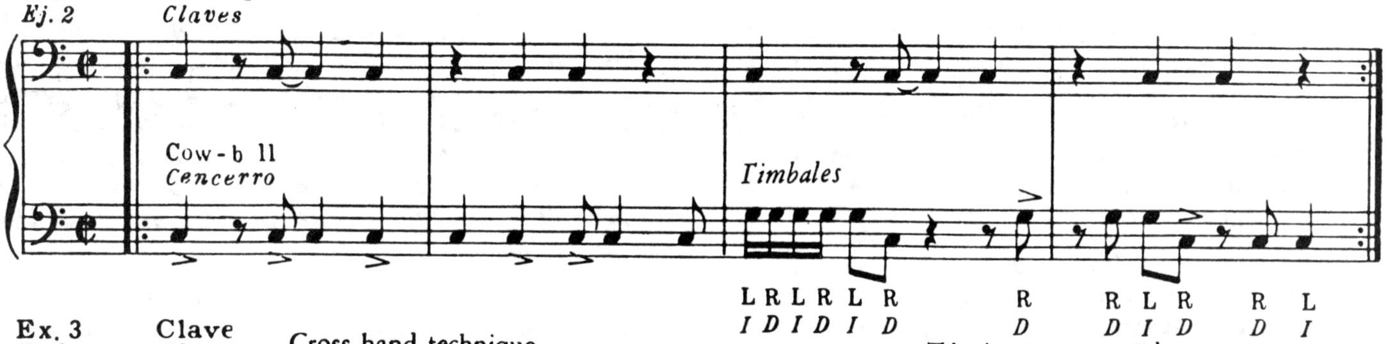

Ex. 3 Clave   Cross hand technique.
Ej. 3 Claves

Técnica para cruzar las manos.

Ex. 4 Claves   Cross hand technique.
Ej. 4 Claves

Técnica para cruzar las manos.

Employing flams.   Practice all four measures as one unit.

Usando apoyaturas.

Practique las cuatro medidas como si fueran una unidad.

Ex. 5 Claves
Ej. 5 Claves

HAB10

The following exercise is based on the "fill-in" in exercise 1 but containing a triplet having the value of a half note. This produces a more "typical rhythmic feeling."

This should be practiced very carefully in order to produce the correct rhythmic effect.

El siguiente ejercicio se basa en el "relleno," ejercicio 1, conteniendo un tresillo con el valor de una nota blanca. Se debe de practicar cuidadosamente con el fin de producir un correcto efecto rítmico.

Ex. 6   **Claves**
Ej. 6   *Claves*

The following exercise is based on the "fill-in" in exercise 4. It contains three triplets, each having the value of a half note. In as much as the second triplet starts on what normally would be the last quarter note in the third of a group of four measures, the time signature 4/2 is used so that all of the triplets are correctly written in one measure.

Each measure (in 4/2) is divided by a dotted bar line; thus dividing the two measures into four measures (2/2). In this way the player is able to get a clear picture of how the rhythm is to be played.

El siguiente ejercicio se basa en el "relleno" del Ejercicio 4. Este consta de 3 trecillos, cada uno con el valor de una nota blanca. Debido a que el segundo trecillo comienza, con lo que normalmente debiera de ser la última nota negra, la tercera de un grupo de cuatro medidas, se hace uso del tiempo (4/2) para que todos los trecillos se escriban correctamente en una sola medida.

Cada medida (en 4/2) está dividida por una línea de puntos; dividiéndose así las dos medidas en cuatro (2/2). En esta forma el músico tendrá una visión clara de como ha de tocar el ritmo.

Ex. 7   **Claves**
Ej. 7   *Claves*

In the following exercise the "break" starts with a "pick-up"—the last eighth note in the second measure. The "pick-up" is played on the small timbal, instead of on the cow-bell.

En el siguiente ejercicio el "solo" empieza con un desarrollo (pick-up) — la última octava nota de la segunda medida. El desarrollo (pick-up) — ejecuta en el timbal pequeño en vez del cencerro.

Ex. 8   **Claves**
Ej. 8   *Claves*

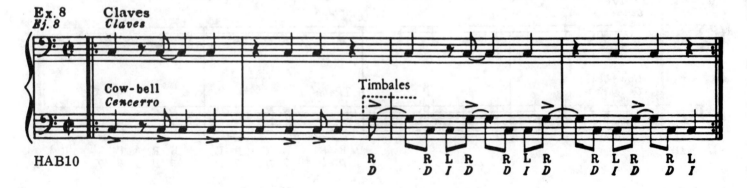

HAB10

ADDITIONAL EXERCISES IN "FILL-INS" AND "BREAKS"

EJERCICIO ADICIONAL EN "RELLENOS" Y "SOLOS"

THE JOROPO
(Played on the snare drum)

EL JOROPO
(Se toca en la caja)

P, above note, means press roll.

R, above note, means rim — stick on stick.

P, encima de una nota significa redoble a presión.

R, encima de una nota significa — aro, palo sobre palo.

HAB10

Ex. 2
Ej. 2

Ex. 3
Ej. 3

Ex. 4
Ej. 4

Ex. 5
Ej. 5

Apply the following foot beats to the above exercises.

Aplique los siguientes ejercicios de pié a los ejercicios de arriba.

(A) (B) (C)

THE CALYPSO
(Native Trinidad song and dance)

Played on the snare drum.

EL CALYPSO
(Canción y baile, oriundo de Trinidad)

Se toca en la caja.

Ex. 1
Ej. 1

Ex. 2
Ej. 2

Foot
Pie

Ex. 3
Ej. 3

Foot
Pie

Ex. 4
Ej. 4

Foot
Pie

Ex. 5
Ej. 5

Foot
Pie

Ex. 6
Ej. 6

Foot
Pie

100

THE SPANISH TANGO
(Habanero Tempo)

Played on the snare drum.

EL TANGO ESPAÑOL
(Tiempo Habanero)

Se toca en la caja.

Ex.1
Ej. 1

Ex. 2
Ej.2

Ex. 3
Ej. 3

Ex. 4
Ej. 4

HAB10

THE BONGOS

The bongos consist of two wooden shells, bound together, having tacked skins (heads) for the playing surface. They come in various sizes but the average pair of bongos includes a large one measuring eight inches across the top, and a small one whose top measures six inches in diameter. (Ill. 41.)

In order to produce the desired sound, the skins (heads) must be stretched as tightly as possible; therefore, whenever the skins become loose, it is necessary to use dry heat (not steam) to tighten them.

LOS BONGOES

Los bongoes constan de dos cascos de madera unidos con cueros encima, sobre los cuales se golpea. Vienen de distintos tamaños pero los corrientes constan de uno grande de ocho pulgadas de lado a lado y uno pequeño de seis pulgadas de diámetro. (Ej. 41.)

Para obtener el tono deseado, los cueros deben de estar bien estirados y ajustados. Por lo tanto, cuando estén flojos, es necesario que se calienten a fuego seco (no vapor) para estirarlos.

THE BONGOS

LOS BONGOES

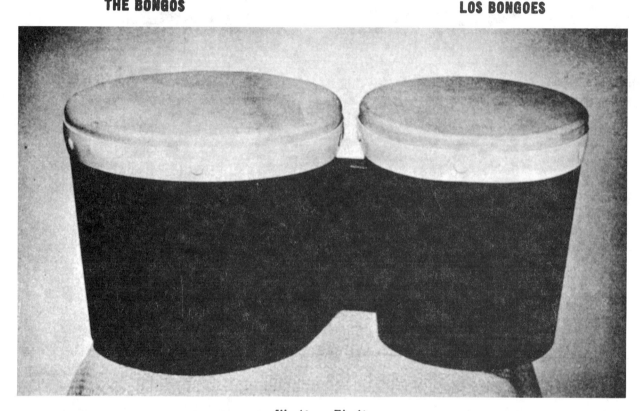

Ill. 41 — Ej. 41

The bongos are played by holding them between the knees, facing outward, the large bongo to the right of the player. (Ill. A.)

The fundamental bongo beat consists of eight distinct strokes, as follows:

Para tocar los bongoes hay que colocarlos entre las rodillas, mirando hacia afuera, el bongó grande va al lado derecho del que lo toca. (Ej. A.)

El golpe fundamental de bongó consta de ocho golpes diferentes en la forma siguiente:

Fundamental bongo beat.　　　　*Golpe fundamental de bongó.*

102

Illustration showing index finger of right hand striking near the edge of small bongo.

Ejemplo mostrando el dedo índice de la mano derecha dando cerca del borde del bongó pequeño.

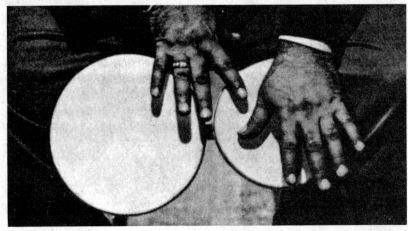

Ill. A   Ej. A

Illustration showing index and middle fingers of left hand striking head of small bongo.

Ejemplo mostrando los dedos índice y cordal de la mano izquierda dando sobre el cuero del bongó pequeño.

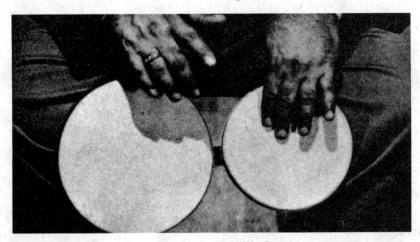

Ill. B   Ej. B

Illustration showing index finger of right hand striking head of small bongo.

Ejemplo mostrando el dedo índice de la mano derecha dando sobre el cuero del bongó pequeño.

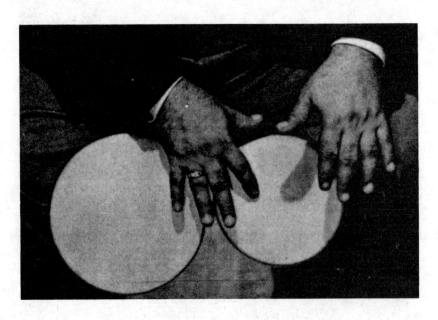

Ill. C   Ej. C

Illustration showing thumb of left hand striking head of small bongo.

Ejemplo mostrando el dedo pulgar de la mano izquierda dando sobre el cuero del bongó pequeño.

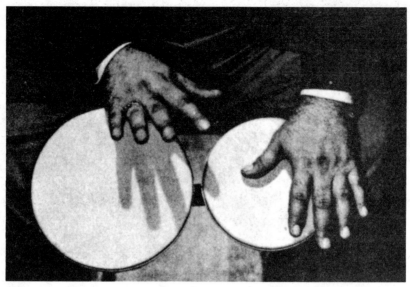

Ej. D   Ill. D

Illustration showing index finger of right hand striking near the edge of small bongo.

Ejemplo mostrando el dedo índice de la mano derecha dando cerca del borde del bongó pequeño.

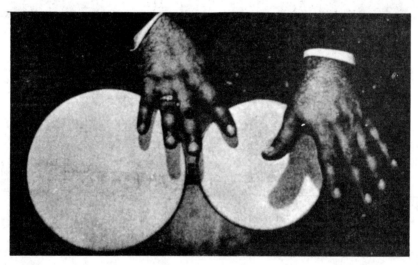

Ill. E   *Ej. E*

Illustration showing index and middle fingers of left hand striking head of small bongo.

Ejemplo mostrando los dedos índice y cordal de la mano derecha dando sobre el cuero del bongó pequeño.

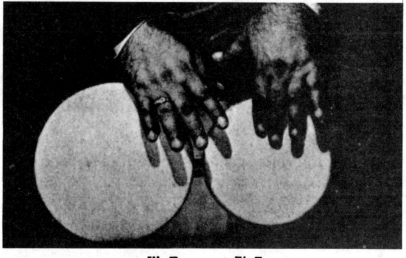

Ill. F   *Ej. F*

Illustration showing index finger of right hand striking head of large bongo.

Ejemplo mostrando el dedo índice de la mano derecha dando sobre el cuero del bongó grande.

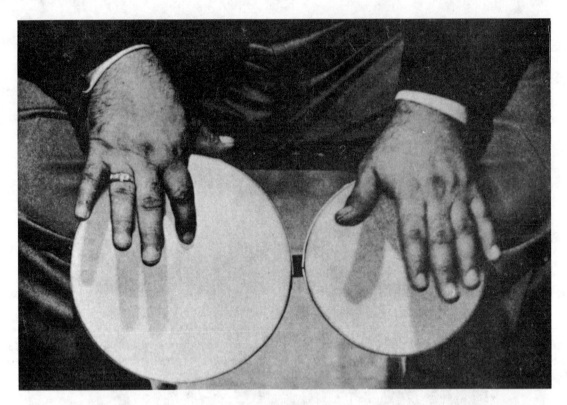

Ill. G   *Ej. G*

Illustration showing thumb of left hand striking head of small bongo.

Ejemplo mostrando el dedo pulgar de la mano izquierda dando sobre el cuero del bongó pequeño.

Ill. H   *Ej. H*

Occasionally, depending upon the character of the composition being rendered, the player may use the rhythm given to the cow-bell. (See page 65.) In this case, the bongos are tipped on end, facing outward, with the large one resting on the left knee — the stick striking the side of the small bongo. (Ill. 42.)

De vez en cuando, dependiendo del tipo de composición que se esté ejecutando, el bongocero puede usar el ritmo aplicado al cencerro o cajita china. (Vea la pag. 65.) En tal caso, los bongoes se puntean por la esquina, mirando hacia afuera, con el bongó grande descansando en la rodilla izquierda el palo dando por el lado del bongó pequeño. (Ej. 42.)

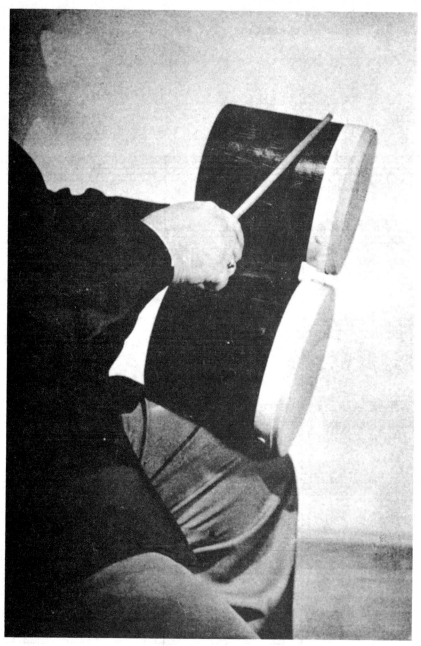

Ill. 42   Ej. 42

A single-stroke roll may also be used. This is done with the index finger of the right hand near the edge of the large bongo and the index finger of the left hand near the edge of the small bongo. The interpretation is the same as that of a single-stroke roll on a snare drum.

Except in the case of the single-stroke roll, the fingers must always strike the bongo with a sudden "snap" of the wrist — not with a mere light "thump."

After the player has mastered the fundamental bongo beat, he may, now and then, invent various beats of his own.

Tambien puede usarse.un redoble sencillo. Se ejecuta con el dedo índice de la mano derecha cerca del borde del bongó grande y con el dedo índice de la mano izquierda cerca del borde del bongó pequeño. La interpretación es igual a la de un redoble sencillo en el tambor sin resonadores (o sea la caja).

Excepto en el caso de un redoble sencillo, los dedos siempre tienen que golpear al bongó con un golpe repentino y ligero movimiento de muñeca — no un golpe leve.

Después que bongocero haya dominado por completo el fundamental golpe de bongó, puede de vez en cuando inventarse sus propios golpes.

THE BEGUINE
(Medium Tempo)

The following pages illustrate the correct notation for the Latin-American rhythm instruments as used in the various dance tempos.

EL BEGUINE
(Medio Tiempo)

Las siguientes páginas demuestran la notación correcta de los instrumentos de ritmo latino-americano y su adaptación a los distintos tiempos en piezas musicales.

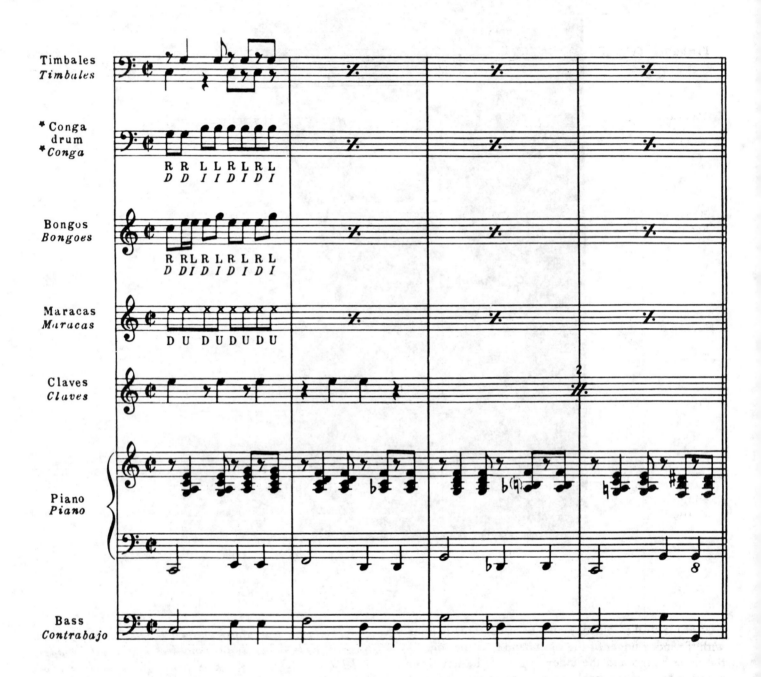

<table>
<tr><td>*Conga drum</td><td>{ Lower notes — on edge.
Upper notes — in center.
R (R.H.) — open.
L (L.H.) — muffled.</td><td>*Conga —</td><td>{ notas graves — en los bordes.
notas agudas — en el centro.
D. (M.D.) — abierto.
I (M.I.) — sordo (como un tambor destemplado.)</td></tr>
</table>

107

THE BOLERO
(Slow Tempo)

EL BOLERO
(Tiempo Lento)

108

THE GUARACHA
(Medium Tempo)

LA GUARACHA
(Medio Tiempo)

**Claves. The reverse beat may be used, depending upon the character of the melody.

**Claves — Se puede usar golpe reverso, dependiendo del carácter de la melodía.

THE RHUMBA
(Fast Tempo)

LA RUMBA
(Tiempo Ligero)

*Claves. The reverse beat may be used, depending upon the character of the melody.

*Claves — Se puede usar el golpe reverso, dependiendo del carácter de la melodía.

THE SON-MONTUNO
(Medium to Bright Tempo)

EL SON-MONTUNO
(De Medio Tiempo A Movido)

(Notice that the bass anticipates the harmony of the measure following.)

A soft slap on the neck of the bass, on the down beat of each measure, will help in keeping the tempo.

(*Nótese que el contrabajo anticipa la armonía de las siguientes medidas.*)

Una palmada en el cuello del contrabajo, en cada golpe hacia abajo de cada medida, ayudará a llevar el tiempo.

HAB10

THE CONGA*
(Bright Tempo)

*LA CONGA
(Tiempo Movido)

*The Conga should have the feeling of a 2/4 pulsation.

*La conga debe de tener el sentimiento de una pulsación a 2/4.

HAB10

112

THE AFRO-CUBAN
(Medium Slow Tempo)

EL AFRO-CUBANO
(Tiempo Medio Lento)

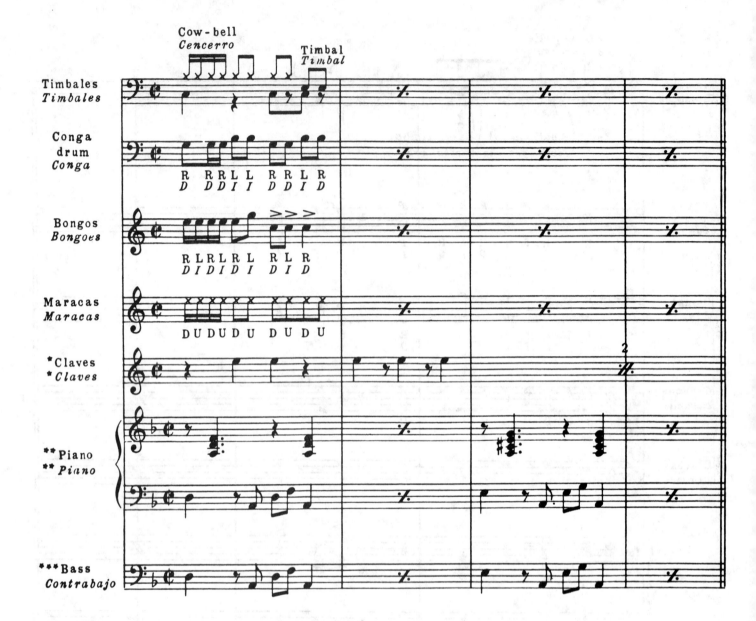

*Claves. The reverse beat may be used, depending upon the character of the melody.

*Claves — El golpe reverso se puede usar, dependiendo del carácter de la melodía.

HAB10

THE NANIGO
(Bright 6/8 Tempo)

EL NANIGO
(Tiempo a 6/8 Movido)

HAB10

THE CALYPSO
(Medium to Bright Tempo)

EL CALYPSO
(De Medio Tiempo A Movido)

No bongos or claves are used in the Calypso.

Bongoes ni claves se usán en el calypso.

HAB10

THE PASO DOBLE (Spanish)
(Bright March Tempo)

EL PASO DOBLE (Español)
(Tiempo De Marcha Movido)

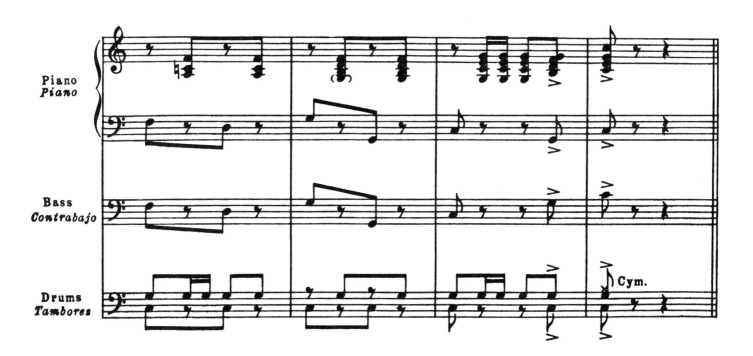

HAB10

116

THE PASO DOBLE* (American)
(Bright Waltz Tempo)

EL PASO DOBLE* (Americano)
(Tiempo Movido De Vals)

Piano
Piano

Bass
Contrabajo

Drums
Tambores

THE TANGO
(Slow Tempo)

EL TANGO
(Tiempo Lento)

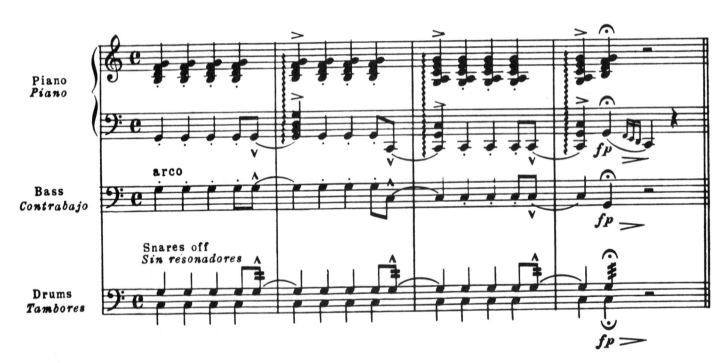

Piano
Piano

Bass
Contrabajo

Drums
Tambores

*Also written in 2/4 March tempo.

**Tambien se escribe a tiempo de marcha a 2/4.*

HAB10

THE SAMBA*
(Medium to Bright Tempo)

LA SAMBA*
(De Medio Tiempo A Movido)

*The Samba should have the feeling of a 2/4 pulsation.

No bongos, claves, or maracas are used in the Samba.

*La samba debe de tener el sentimiento de una pulsación a 2/4.

Bongoes, claves o maracas no se usan en la samba.

HAB10

SUPPLEMENTARY EXERCISES FOR THE TIMBALES PLAYER

and

SCORES ILLUSTRATING CORRECT NOTATION FOR THE LATIN-AMERICAN RHYTHM INSTRUMENTS AS USED IN THE MODERN DANCE TEMPOS.

edited by

UBALDO NIETO

Ubaldo Nieto, born in Puerto Rico of a musical family, came to the United States to make his career as a pianist. Having a natural talent and interest in Latin-American rhythms, he started to study those instruments and soon became a student of all percussion instruments under the direction of Mr. Henry Adler. Today he is recognized as one of the outstanding performers on Latin-American rhythm instruments and is considered to have one of the greatest 'beats' on the timbales. He has recorded for such great names as Artie Shaw, Mitch Miller, Dizzy Gillespie, Tito Rodriguez, Percy Faith, Norman Granz; has played on radio and television with Skitch Henderson, The Three Suns and many others. At present he is a member of Machito's Orchestra and is working as a free-lance musician in recording, radio and television.

SLOW MAMBO

DOUBLE MAMBO

HAB10

FAST MAMBO

CHA-CHA-CHA

CHA-CHA-CHA (con'd)

In Exercises 5 through 8, a precise, firm feeling of four beats per measure must predominate.

In the following two exercises, the right hand accents must be forceful enough to allow the feeling of four beats to a measure to be maintained.

(NOTE: Cymbal or wood-block may be effectively substituted for cow-bell in all of the Cha-Cha-Cha beats.)

BAION (BRAZILIAN)

NOTE: The BAION (Brazilian) is quite similar to a SAMBA. In the United States, some drummers have been playing the above R. H. beats on cowbell, but the accepted and authentic manner of playing the R. H. part is on the drum.

SLOW MAMBO

DOUBLE MAMBO

FAST MAMBO

CHA-CHA-CHA

BAION (BRAZILIAN)

THE MERENGUE

THE MERENGUE - 'national dance of the Dominican Republic - is played in medium to bright 2/4 tempo. The typical rhythm instrument used in the Dominican Republic is the tambora, a two-headed drum played by a stick held in the right hand and the finger and palm of the left hand. The stick is used to strike either the rim or the head, according to the sound desired.

Striking rim of tambora
with stick

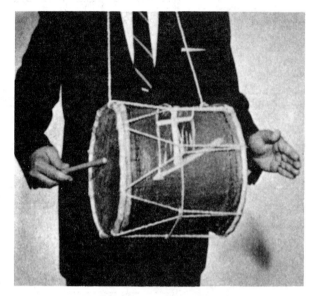

Striking head of tambora
with stick

When a tambora is not available, the drummer plays the tambora beats on timbales or on snare drum.

Striking rim of snare drum

Striking head of snare drum

MERENGUE

BASIC BEATS FOR TAMBORA

Although the authentic rhythm instrument used for the merengue is the tambora, most drummers outside the Dominican Republic play the beats on timbales or snare drum. For them, the optional bass drum is included here.

After these basic beats have been mastered, individual variations may be developed.

MERENGUE

(BASIC)

HAB10

MERENGUE
(AUTHENTIC)

Medium to bright

Arranged by Danny Hurd

BOSSA NOVA

The music referred to as "Bossa Nova" (literally, "new beat",) is the result of a merger between Latin—American popular music (most notably that of Brazil,) and North American jazz music, predominantly that of the "cool" idiom. Bossa Nova bases itself on a clave rhythm, but one that is a variant of the traditional clave beat:

Note that in the Bossa Nova clave rhythm, the last note of the traditional clave beat is simply delayed one eighth-note, thereby creating a more swinging, jazz-like "feel". This syncopation does not alter the basic two-measure phraseology, which is typical of almost all Latin-American dance rhythms (an exemplary exception being the Argentine Tango.)

In actual performance, the Bossa Nova clave rhythm is usually played on the snare drum by the left stick, as muffled rim-shots, while the right hand maintains a straight eighth-note pattern with a wire-brush, also on the snare drum.* The right foot (bass drum,) plays on the first and third counts of each measure, and the left foot (hi-hat,) plays on the second and fourth counts.

Ex. 1

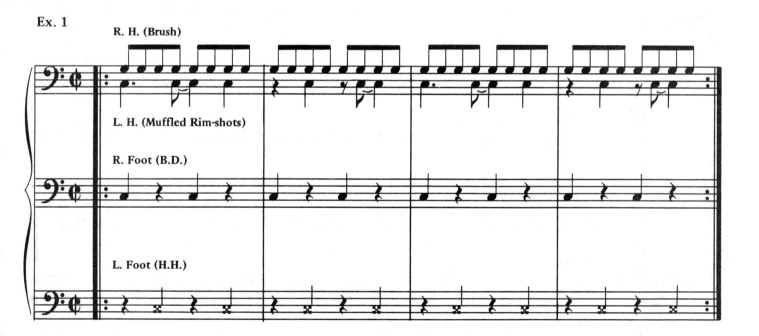

*(Note: Some technically adept drummers employ a short, crisp, side-to-side "swish", in eighth-note rhythm, with the wire-brush, thus producing a more legato effect that is highly suitable to ballad-like Bossa Nova compositions.)

HAB10

Exercises 2 and 3 contain two effective variations of the basic drum pattern.

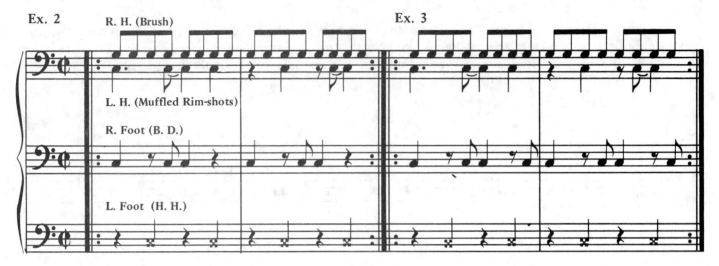

In more swinging Bossa Nova compositions, a drummer may transfer the straight eighth-note pattern to the bell of the ride cymbal, using a stick rather than a brush, while the left hand continues to maintain the Bossa Nova clave rhythm.

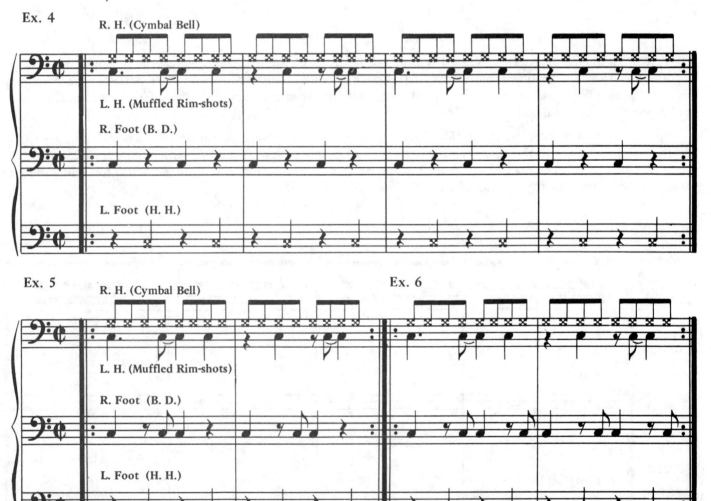

While playing in the Bossa Nova idiom, the drummer may be called upon to perform fill-ins and short breaks. There are no limitations as to what he may do within such situations, excepting his own technical competency, and his feeling for the Bossa Nova style.

Finally, as in modern Samba playing, in which the entire drum set is utilized, a skilled drummer may reverse his hands (that is, play the ride cymbal with his left hand, the clave rhythm, with variations, with his right hand,) and produce many intricate and unusual sounds within the Bossa Nova framework.